낀 팀장의 일센스

낀 팀장의 일센스

상사와 후배 사이에서

일 잘하는 리더가 되는 기술

글 한상아

Edit

웰컴 투
'사이' 월드

직장 내에서 일하는 사람의 역할은 크게 세 가지로 구분할 수 있다. 첫째는 본인 업무 영역에서만 충실하게 성과를 내면 되는 현장 '실무자'다. 실무자는 중간관리자가 지시하는 업무 방향을 이해하고 성실함을 무기 삼아 실행과 결과로 옮겨놓으면 '일잘러'로 인정받을 수 있다.

둘째는 잘 따르는 동시에 잘 이끌어야 하는 '중간관리자'다. 실무를 꽉 잡고 있는 전문가여도 중간관리자 역할을 성공적으로 수행해내기 위해서는 조직 안의 복잡한 이해관계와 선후배 눈치까지, 동시다발적으로 발생하는 수많은 변수를 함께 다뤄야만 한다.

마지막은 작든 크든 사업의 모든 것을 책임지고 결정해야 하는 '최종 의사결정권자'다. 부담감이 큰 자리지만 직장인이라면 누구나 한 번쯤 자신의 뜻을 펼치기 위해 꿈꾸는 명예로운 자리기도 하다.

사장이 되거나 직접 창업을 하지 않는 이상 회사생활의 대부분은 따르면서도 이끌어야 하는 중간관리자 역할을 하며 보내게 된다. 파트장이 되어도 위에는 팀장이 있고, 팀장이 되면 위로는 실장이 있다. 심지어 신입사원 중 1퍼센트 미만의 극소수만 도달한다는 임원의 자리까지 올라도 위에는 최고경영자가 자리하고 있다. 이 말을 달리하면 중간관리자가 되었을 때 이 역할의 본질에 대해 얼마나 잘 이해하고 수행해내느냐가 직장생활의 지속성과 만족감, 더 나아가 성공을 결정하는 핵심 요인이라는 것이다.

처음 중간관리자로 발령받고 몇 달간 밤잠을 설쳤다는 리더들의 이야기를 많이 접했다. 나 역시 처음 파트장이 되었을 때는 부푼 기대감과 달리 맘고생을 참 많이 했다. 실무자일 때는 보이지 않던 수많은 고려 사항과 성과에 대한 압박감 속에서 실무에 치이며, 맘처럼 따라주지 않는 팀원을 마주할 때면 하루에도 수십 가지 생각이 머릿속을 스쳐지나갔다. 또 조직 사정에 따라 실무도 완전히 떼어낼 수가 없는 상황에서 이중고를 넘어 삼중고를 겪었다.

중간관리자는 조직에서 사라질까?

사원과 대리 그리고 과장이 촘촘한 위계질서 속에서 함께 일하던 과거와 달리 요즘 조직은 작고 빠르게 변화하고 있다. 직급을 붙여 깍듯이 부르던 호칭 문화는 이름 뒤에 '님'을 붙이거나 영어 닉네임을 부르는 문화로 바뀌고 있고 피라미드형 조직 구조 또한 수평적으로 변해가고 있다.

어떤 사람들은 이처럼 경력 차이가 나는 선후배가 같은 팀원으로 일하는 환경이 되면서 중간관리자가 점차 사라질 것이라고 이야기한다. 하지만 이는 요원한 일이다. 실무자에서 단번에 최고 의사결정권자가 되는 조직이 과연 세상에 존재할 수 있을까? 모든 실무자가 개별적인 의사결정권을 가지고 움직이는 아메바형 조직이 아닌 이상 중간관리자는 결코 사라질 수 없을 것이며, 오히려 이 역할에 요구되는 역량과 중요성은 점차 커질 것이다.

이제 파트 또는 팀 단위 리더는 3~4단계의 보고를 거쳐야 했던 과거와 달리 1~2단계로 간소화된 보고를 거쳐 대표이사와 마주할 수 있게 되었다. 대표이사에게 직접 보고하고 결재가 통과되는 순간 고객의 냉정한 평가를 받는 것이다. 예전에는 임원이나 부장급에게 요구되던 의사결정 및 판단 능력이 중간관리자에게도 요구되는 시대다.

잘 따르면서도 잘 이끈다는 것

내가 직장생활을 하며 가장 스트레스를 받았던 순간은 예측이 안 되어 컨트롤하기 어려운 상황들이었다. 갑작스럽고 일방적인 상사의 업무 지시, 첩첩산중 쌓여 있는 업무를 보면서도 일을 몰아주는 리더, 조정의 여지가 없는 촉박한 마감 일정들까지. 중간관리자는 어찌 보면 직장생활 중 최고로 불확실하고 예측 불가능한 환경에 둘러싸인 자리라고 볼 수 있다.

안타깝게도 처음 중간관리자가 되어 역할을 수행하면서 어려움을 겪을 때 '이 또한 지나가리라'라는 마음가짐으로 그저 버텨내는 사람이 참 많다. 따르거나 이끄는 것은 하나의 정신으로 집중할 수 있다. 하지만 잘 따르면서도 잘 이끌어야 하는 위치는 상사의 성향과 의도, 후배들의 개성 강한 행동과 감정 등 예측 불가능한 수많은 변수를 파악하고 대응해야만 한다. 준비되지 않은 채 중간관리자의 역할을 맡는다면 회사에서 요구하는 높은 역량과 무거운 책임감을 감당하지 못해 무릎을 꿇을 수밖에 없다.

《90일 안에 장악하라》의 저자 마이클 왓킨스Michael D. Watkins는 어떤 직책을 새로이 맡은 뒤 3개월 안에 자신의 능력을 보여주지 못하면 리더로서 자리매김하기 어렵다고 이야기한다. 미리 준비하지 않고 허둥대는 순간 수년에 걸쳐 쌓아온 조직 내 신뢰와 실무 경력이 단번에 무너질 수도 있다는 것이다.

뿌리가 깊지 않은 나무는 양 옆에서 부는 잔바람에도 쉽게 흔들리고 부러진다. 중간관리자로서의 역할을 성공적으로 해내기 위해서는 관계에 끼어 고통받기보다 구태의연한 조직의 일하는 방식을 변화시키는 데 앞장서야 하고, 사이에 끼어 으스러지지 말고 이 기회를 발판 삼아 조직에서 존재감을 높여가야 한다. 부디 이 세상의 모든 중간관리자가 오랜 실무자 역할 끝에 찾아온 또 다른 성장의 기회를 놓치지 않길 응원한다. 그 성장 과정에 이 책이 조금이나마 도움이 되기를 바란다.

틈에 끼지 말고 틀을 깨는 리더가 되자.

차례

프롤로그

4   웰컴 투 '사이' 월드

중간관리자는 조직에서 사라질까?
잘 따르면서도 잘 이끈다는 것

STEP 1

80년생도 왔다

18   90년생이 왔다 :

당황스럽지만 고마운 동료

대표이사도 무서워하는 90년생
암묵적 룰을 깨는 90년생
80년생은 새로운 리더여야 한다

29   낀 세대는 고달프다 :

그래도 젊은 꼰대는 아니길

중간관리자의 999가지 업무
"그래그래, 알았어. 오케이, 부머!"
틈에 끼지 말고 틀을 깨자

STEP 2

후배님, 우리 싸우지 맙시다

40 후배가 극혐하는 선배의 열다섯 가지 유형

42 선배를 속 터지게 하는 후배의 열다섯 가지 유형

44 왜 자꾸 나만 말할까 :
    낄끼빠빠가 아닌 학습된 무기력

   중간은 가겠다는 의지
   회사에서 화이트 불편러를 길들이는 방법
   구글이 찾아낸 높은 성과를 내는 팀의 조건
   심리적 안정감을 떨어뜨리는 아홉 가지 행동
   '같이'가 '가치'를 만든다

56 선의를 핑계로 선 넘지 말자 :
    꼰대 스위치 오프의 기술

   "다 너 잘되라고 하는 이야기야"
   스스로 답을 찾도록 질문하고 기다리자
   일의 생산성을 높이는 비폭력 대화

65 기분이 태도가 되지 않도록 :
    실행력을 높이는 피드백

   "피드백이 아니라 나쁜 피드백이 싫어요"
   후배를 적으로 만드는 피드백
   칭찬과 꾸지람의 황금비율

76 떠넘길 것이냐, 믿고 맡길 것이냐 :
동기부여의 디테일

패전처리조의 기분
마이크로 매니징의 문제
떠넘기는 리더와 믿고 맡기는 리더의 차이
단순 업무 요청에도 디테일이 필요하다

88 꼭 삽질해서 배워야 할까? :
고맥락 문화의 치명적 한계

눈치껏 잘해야 하는 고맥락 문화
센스 있게 일해주길 바란다면
모두의 시간은 소중하다

96 퇴사를 고민하는 후배에게 :
아름다운 이별은 있다

후배의 퇴사에 대처하는 잘못된 자세
후배의 퇴사에 대처하는 효과적 자세
파타고니아의 퇴사 인터뷰

STEP 3

선배님, 제가 잘할게요

106 낮은 고과를 받는 중간관리자의 열 가지 유형

108 행간을 읽고 그림을 그리는 자리 :
상사의 뇌 구조를 파악하는 법

매주 찾아오던 교리 해석의 시간
훌륭한 보고에 빠지지 않는 네 가지 질문
상사의 학습 유형을 파악하자
시너지는 서로 존중할 때 나온다

121 조직의 문제 해결사가 되어야 하니까 :
디자인 씽킹으로 해답 찾기

처세술보다 강력한 디자인 씽킹의 5단계
비효율적인 회의 문화를 해결하는 6단계

131 정보를 진짜 무기로 쓰려면 :
독점 vs 공유

불안과 오해를 부르는 밀담
어차피 언젠간 모두 알게 된다
모두가 최고의 결정을 내리도록 하는 방법
어디까지 공유해야 할까?

142　왜 좋은 선배들은 꼭 회사를 떠날까? :
　　　호구와 호인, 한 끗 차이

　　　사람이 떠나가네
　　　호구에도 유형이 있다
　　　억압의 방어기제 vs 억제의 방어기제
　　　파이를 키우는 감정 관리의 기술

152　어려운 관계일수록 스몰토크 :
　　　지구별의 인간 대 인간으로서

　　　사무적 관계가 일을 더욱 어렵게 만든다
　　　리더와의 관계는 리더 하기 나름?
　　　귀 기울이면 할 말이 생긴다
　　　상사가 스몰토크를 싫어한다면

161　제대로 평가받는 것도 내 일이다 :
　　　뿌린 만큼 거두는 기술

　　　첫째, 모든 것을 기록하자
　　　둘째, 기여도를 구체적으로 제시하자
　　　셋째, 결국 성과평가는 협상력이 좌우한다

STEP 4

미우나 고우나 우리 회사니까

170 일할 맛 나는 조직의 열 가지 유형

172 조직을 좀먹는 고인물 :
회사도 망치고 커리어도 망치고

원주민과 이주민의 갈등
고인물도 잘하는 것이 있다
고인물 체크리스트
고이는 순간 커리어는 끝이다

184 내가 조직을 변화시킬 수 있을까? :
작은 성공부터 쌓아나가자

변화에도 전략이 필요하다
변화 초기에 리더가 해야 할 일
변화를 빠르게 안착시키는 기술
티끌 모아 언덕, 언덕 모아 태산

193 일은 많은데 성과가 없다면 :
업무 우선순위를 정하는 방법

추진력은 정리정돈에서 나온다
에너지 뱀파이어 vs 에너지 드링크
버려야 할 업무를 구별해내는 기술
실패를 두려워하지 말자

205 동료들과 윈윈한다는 것 :
   갈등을 뛰어넘는 협업의 기술

   사일로 효과가 회사를 망친다
   함께 일을 잘하기 위한 네 가지 방법

에필로그

215 우리 일하려고 모였잖아요

221 참고문헌

80년생도
왔다

90년생이
왔다

**당황스럽지만
고마운 동료**

행사 마케팅에 쓸 카드뉴스에 요즘 트렌드인 B급 감성을 잔뜩 담아 보고했더니 부장님은 역시나 예상대로 고개를 갸우뚱했다.

"이건 좀 아닌 것 같은데…. 열심히는 해왔으니 무조건 안 된다고 할 수도 없고, 난감하네요."

순간 독심술사로 변신해 부장님의 표정과 호흡의 간격을 가늠하며 그의 심리를 유추해냈다. 공들여 만든 콘텐츠가 한순간 반려되어 무너질 위기였다. 이를 차단하기 위해 적극적으로 방어를 시작했다.

"부장님, 이게 요즘 트렌드인 B급 감성인데요. 저희 주 타깃인 20~30대는 좋아할 만한 콘텐츠라고 생각합니다. 약치기라는 작가의 만화 보셨어요? 굿즈가 불티나게 팔린다니까요."

"○○○ 사원 한번 불러와 봐요. 그 친구 의견은 어떤지 들어봅시다."

90년대생 열풍이 불면서 기성세대는 그동안 회사에서 겪어보지 못한 새로운 일들을 경험하고 있다. 과거의 회의실에서는 상사의 의중만을 캐내기 바빴지만 지금은 조직생활 경력이 가장 짧은 90년대생 사원들이 논의의 종지부를 찍는 캐스팅보트 역할을 하고, 의사결정권자는 그들의 의견을 적극 참고하는 상황이 펼쳐지고 있다. 기성세대는 신입사원들을 아무것도 모르는 초짜배기처럼 여기면서도 시장 트렌드를 정확히 읽어내는 오피니언 리더로서 그들을 대한다.

대표이사도 무서워하는 90년생

돌이켜 보면 90년대생의 선배인 80년대생도 항상 '왜'라는 질문과 함께 세상이 정해놓은 법칙에 의문을 가졌다. "청바지 입고서 회사에 가도 깔끔하기만 하면 괜찮을 텐데"라고 탄식하는 〈DOC와 춤을〉이나 "난 내 세상은 내가 스스로 만들 거야. 똑같은 삶을 강요하지 마"라고 일갈하는 〈위 아 더 퓨처We Are the Future〉 같은 노래에 열광한 이유는 말없이 따를 수밖에 없었던 불합리한 법칙들 앞에서 본질을 파고들며 카운터펀치를 날리는 통쾌함 때문이었을 것이다.

하지만 80년대생은 막상 눈앞에 닥친 불합리한 현실 앞에서는 이를 바꿀 만한 힘이 없는 소수 집단일 뿐이었다. 직장인들의 익명 애플리케이션이나 주니어 보드(과장급 이하 젊은 실무자들의 목소리를 듣기 위해 마련된 회의)처럼 자신들의 목소리를 낼 수 있는 공간조차 마련되어 있지 않았다. 어떤 회사를 입사하건 철저한 의전 문화는 신입사원들의 기를 죽였다. 회장과 임원까지 '높으신 분들'이 참석하는 행사에는 일사분란하게 수행원들이 따라붙어 그들을 챙겼다. 수행원들은 그들의 심기를 건드리지 않기 위해 동선 하나하나, 자주 먹는 음료 그리고 좌석의 위치까지 물샐틈없이 준비했다.

아이가 부모의 말과 행동을 보고 자라듯 조직에서 선배들, 상사들이 보여주는 행동은 조직에서 요구되는 행동 방식을 결정한다. 제아무리 수평적인 분위기와 열린 조직문화를 강조한들 회사에서 직접 마주하는 풍경들은 80년대생의 머릿속에 높은 사람의 말이 곧 법이며 이를 순응하는 것이 생존하는 방식임을 각인시켰다. 그렇게 80년대생은 자신 앞에 펼쳐진 경직된 조직 문화를 보며, 대부분 거대한 조직에 압도되어 힘없는 개인으로 침묵을 지켰다. 상식적으로 이해되지 않지만 감히 그 이유를 물어볼 수 없고 도저히 벗어날 수도 없었던 세상의 법칙들 앞에서 그들의 자유분방함과 본질을 탐구하는 지적 호기심은 점점 그렇게 무뎌져갔다.

반면 회사에 등장한 신인류 90년대생은 조직의 풍경을 180도 바꿔놓았다. 그들은 세상이 정해놓은 이해 못 할 법칙들 앞에서 80년대생이 차마 입 밖으로 말할 수 없었던 의문들을 과감히 표현했다. 90년대생은 "예. 알겠습니다"라고만 하지 않고 왜 그렇게 해야 하는지, 꼭 그 방식으로 해야 하는지를 당당하게 묻는다. 거침없이 자신의 견해를 피력하는 그들은 직장생활에 아쉬울 것 하나 없어 보인다.

선배들에게 좋은 직장의 필수 조건으로 인식되던 '자녀 대학교 학자금 지원'과 같은 복지는 90년대생에게 전혀 와 닿지 않는 복지제도가 되었다. 그들에게는 평생직장의 개념이 사라진 지 오래기 때문이다. 한 회사에 맹목적으로 충성하기보다 자신의 가치에 맞지 않으면 설령 수백 대 1의 경쟁률을 통과해 입사를 했더라도 과감히 퇴사한다. 실제로 구인구직 사이트 사람인에서 2019년 416개 기업을 대상으로 조사한 결과에 따르면 1년 이내 신입사원 조기 퇴사자는 전체 입사자 중 약 31.4퍼센트로 세 명 중 한 명꼴이다. '적성에 안 맞는 직무'가 퇴사의 이유로 가장 많이 꼽혔지만, '조직 부적응과 적응하기 힘든 조직 문화'도 38.6퍼센트로 무시할 수 없는 수준이다.

그들은 유튜브, 블라인드, 잡 플래닛 등 다양한 플랫폼을 통해 정보를 쉽게 나눈다. 회사에서도 요즘 젊은 세대를 이해하기 위해 주니어 보드, 리버스 멘토링(사원이 선배나 경영진의 멘토가 되는 것)과 같은 제도를 신설해 그들의 의견을 경청한다. 그래서인지 90년대생은 자신의 개성과 견해를 드러내는 것에 주저함이 없다. 불합리하게 느껴지는 회사 제도, 다짜고짜 반말을 하며 무시하는 선배, 목적과 시간 개념이 부재한 구닥다리 회의 방식, 권위적이고 일방적인 상사의 행동 등에 대해 직장인 익명 앱으로 거침없이 의견을 나누고 재직자의 공감을 이끌어내기도 한다.

이해할 수 없는 규율과 불합리한 법칙에 의문을 품고도 압도적인 환경에 눌려 조직 내 생리를 순순히 따르던 80년 대생에게 거침없이 솔직한 그들의 모습은 조금 낯설다. 또 그들에게 맞춰 변해가는 세상을 보며 상대적 박탈감을 느끼기도 한다. 하지만 우리는 그들을 바라보는 관점을 달리할 필요가 있다. 통계청에서 제시한 2019년 세대별 인구분포 전망에 따르면 밀레니얼 세대(1981~1996년 출생자)는 22.2퍼센트, Z세대(1997년 이후 출생자)는 21.7퍼센트로 두 세대, 즉 MZ세대의 비중이 50퍼센트에 가까워지고 있다. 내가 근무하고 있는 회사의 경우에도 2020년 대졸 신입사원 공채를 통해 입사한 사람은 모두 1990년 이후 출생자이고 그 중 40퍼센트는 Z세대다. 그들은 태어날 때부터 디지털 환경에서 성장했기에 디지털 네이티브Digital Native라고 부른다.

그들이 변화를 몰고 온 이유는 간단하다. 기존의 위계 중심적 문화가 변화하길 갈망하는 세대(1965년~1980년 출생한 X세대 일부를 포함한 MZ세대)의 비중이 인구의 절반을 넘어섰고, 그들이 시장에서 강력한 소비자로 등극했기 때문이다. 대표이사도 무서워하는 것이 바로 기업의 성패를 가르는 소비자다. 고객에게 선택받지 못하면 살아남을 수 없는 냉혹한 현실 속에서 조직 문화와 제도, 비즈니스의 형태까지 그들을 위해 모조리 변화하지 않으면 생존할 수 없는 시대가 되었다.

때마침 디지털 네이티브와 함께 세상은 디지털 환경 중심으로 빠르게 변하고 있다. 브랜드 컨설팅 기관 인터브랜드가 발표한 2019년 전 세계 브랜드 가치 평가 결과에 따르면 2000년 10위권 내에 있던 제너럴일렉트릭, 포드 등 제조업 기반 회사는 순위권 밖으로 밀려났고 디지털 플랫폼 또는 빅데이터, 클라우드 기반의 IT 사업을 주력으로 하는 애플, 구글, 아마존, 마이크로소프트 등이 상위권을 싹쓸이했다. 디지털 네이티브가 주 고객이 된 지금 시대는 디지털을 기반으로 한 편리함과 재미, 쌍방향 소통, 투명성 등을 지향하지 않으면 생존할 수 없는 경영 환경이 된 것이다. 실제로 주변의 80~90년대생 선후배를 보면 쇼핑, 재테크, 호텔 예약, 음식 주문, 일정 관리, 자투리 시간 활용 등 거의 모든 일상생활을 스마트폰으로 해결하고 있다.

암묵적 룰을 깨는 90년생

어느 날 우리 팀 앞을 지나가던 실장님이 신입사원도 왔으니 환영회를 하자며 즉흥적으로 저녁 회식을 제안했다. 모든 팀원이 1초의 망설임도 없이 "네! 그러시죠"라고 대답해 당일 회식이 결정되었다. 그런데 순간 신입사원의 머뭇거리는 표정이 눈에 들어왔다.

나는 그 표정이 맘에 걸려 혹시 말 못 할 사정이 있는지 잠시 시간을 내 물어봤다. 그 후배는 "저녁 약속이 있는데 너무 순식간에 지나가는 바람에 타이밍을 놓쳐 말을 못 꺼냈어요. 실장님께 참석 못 한다고 말씀드리려고요. 근데 다른 날로 바꾸면 안 되나요?"라고 이야기했다. 회사 문화에 길들여진 내 머릿속에는 '○○○ 씨 말도 틀린 말은 아닌데 회사에서는 또 그게 아니지. 오늘은 특히 ○○○ 씨 환영 회식이고, 실장님이 먼저 말도 꺼내셨잖아요. 선배들도 이미 다 된다고 대답했고요'라는 말이 자동 재생되었다.

하지만 후배의 입장도 충분히 이해가 되었다. 후배는 회식을 거부한 것도 아니었다. 모두 약속 없는 날로 다시 정하자는 합리적인 생각으로 질문을 던진 것이다. 후배의 생각은 틀린 답이 아니었다. 여태껏 조직에서 통용되던 모범 답안에서 벗어난 답일 뿐이었다.

나는 그 순간 젊은 꼰대로 변신해 힘의 논리로 그 친구의 합리적인 생각을 잠재울 방법 외에는 묘안이 떠오르지 않았다. 하지만 자기 나름대로 용기 있게 질문을 던진 후배에게 그냥 군말 없이 따라가라고 말하기도 미안했다. '팀은 하나다', '우리가 남이가'와 같은 억지를 부리며 조직의 논리에 말없이 순응하도록 강요하고 싶지 않았다.

결국 내 핑계를 조금 보태 모두가 가능한 일정으로 바꾸자고 건의했다. 실장님은 진작 말하지 그랬냐며 생각보다 쿨하게 당일 회식을 취소하고 다른 일정을 알아봐 달라고 했다. 돌이켜 보건대 나는 그날 후배의 거침없는 질문에 고마움을 느꼈다. 조직의 암묵적 법칙을 말랑말랑한 관점으로 바라보는 후배의 질문이, 몇 년의 직장생활을 통해 어느새 관성처럼 굳어져버린 나의 위계 중심적 사고방식을 조금은 유연하게 만들었다.

80년생은 새로운 리더여야 한다

유독 조직 안에서만 억눌려 있는 80년대생의 톡톡 튀는 개성과 누구에게나 평등하고 공정한 태도는, 눈앞에 펼쳐진 디지털 전환의 시대에 함께 일할 후배들의 특징과 묘하게 겹친다. 초점 없이 흐릿하게 볼 때는 '요즘 것들의 당돌함'으로 비치던 모습이, 눈을 씻고 자세히 보니 그동안 조직생활로 무뎌져 있던 내 안의 개성으로 보이는 것이다.

파도가 밀려드는 백사장에서 모래성이 무너지지 않도록 또 다른 모래벽을 쌓을 것인가, 거부할 수 없는 변화를 인정하고 파도 위에서 함께 서핑을 시작할 것인가. 80년대생은 어느새 조직의 허리, 중간관리자급으로 성장했다. 조직이 80년대생 중간관리자에게 바라는 것은 표면적으로 여러 세대를 연결하는 가교 역할이지만 사실상 차세대 리더로서 변화하는 비즈니스 환경에 걸맞은 변화와 혁신으로 성과를 창출하길 원하고 있다.

80년대생에게 기회가 왔다. 조직에 새로 등장한 디지털 네이티브는 선물 같은 존재다. 그들은 깊이 잠들어 있던 80년대생의 자유분방함과 개성을 다시 깨우고, 조직의 변화와 혁신을 함께 만들어나갈 든든한 파트너다.

낀 세대는
고달프다

그래도
젊은 꼰대는
아니길

중간관리자로 올라선 80년대생은 상사들의 비위를 맞추고 후배들의 당돌한 질문을 받아가며 이리 치이고 저리 치이는, 고달픈 낀 세대다. 세대 갈등의 한복판에 선 낀 세대에게 세대론은 구시대적 리더십이 통하지 않는 낯선 풍경 앞에서 흔히 찾는 대증요법 중 하나가 되었다. 그들은 자신에게 기대되는 중간자 역할에 대한 갈증을 해소하기 위해 각 세대의 특성과 이에 맞는 처세술을 배워보지만 속이 답답하기는 마찬가지다.

세대론은 고통받는 낀 세대를 위한 적절한 해법이 될 수 있을까? 세대론을 바탕으로 하는 처세술은 중간관리자들이 '꼰대들'의 특성을 이해해 그들과 부딪히지 않으면서도 '요즘 것들'이 추구하는 가치와 특징을 이해해 맞춤형 리더십을 발휘하라고 주문한다. 그러나 이는 갈등 상황에 대처하는 데 단편적인 도움이 될지 몰라도 중간관리자의 본질적인 역할, 더 나아가 그들이 조직에서 자리매김하기 위한 해법을 제시하기엔 턱없이 부족하다.

세대론은 언뜻 명쾌한 리더십, 소통 매뉴얼 같은 느낌을 준다. 하지만 다양한 사람의 모습을 일반화하기란 매우 어렵고, 편견이 가득한 채로 후배들을 속단하게 만드는 위험성까지 내포하고 있다. 굳이 세대를 구분해야 한다면 기존 문화를 답습하며 "원래 그래 왔어!", "잘못되면 누가 책임질 거야?", "그게 잘된다는 보장이 있어?"라는 말만을 반복하는 기성세대와, 더욱 나아지기 위해 기꺼이 변화를 추구하는 깨어 있는 세대로 나눠야 하지 않을까. 중간관리자가 틈에 끼지 않고 틀을 깨기 위해 필요한 두 가지 핵심 역량은 선후배를 아우르는 '이음'과 변화와 혁신을 주도해 조직에서 존재감을 증명해내는 '있음'의 능력이다.

중간관리자의 999가지 업무

인정받는 중간관리자의 투 두 리스트to-do list는 늘 문전성시를 이룬다. 담당 업무 외에도 상사가 그때그때 지시하는 수명 업무들이 수시로 그를 찾아와 번호표를 뽑고 대기하고 있다. 조직에서 가장 바쁘다는 중간관리자에게 업무가 몰리는 이유는 그들의 탁월한 실무 능력과 상사와 후배 사이에 놓인 위치 때문이다.

내가 곁에서 봤던 유능한 선배들은 대개 이 기회를 똑똑하게 활용했다. 그들은 상사가 원하는 업무 방향성을 완벽하게 이해하고, 어렴풋한 스케치를 팀원들과 함께 생생한 4D 영상으로 구현해냈다. 성공하는 중간관리자의 역할은 결코 상부의 의중과 전략을 실무자들에게 배분하고 일의 진척도를 감시하는 망루 위의 앵무새 역할에 국한되지 않는다. 안테나를 발달시켜 실무자들의 결핍을 감지하고 상사의 공감을 이끌어내 변화를 진두지휘해야 한다.

한 예능 프로그램에 출연한 쌍방울의 김세호 대표이사는 평사원으로 시작해 최연소 대표가 된 사연을 이야기했다. 그는 차장에서 부사장으로, 또 사장으로 불과 4개월 만에 승진했다. 그 시작은 '내가 쌍방울의 경영진이라면?'이라는 주제로 진행한 사내 공모전에서 "이대로 가면 내년이 아니라 내일 망한다"라는 절실함으로 조직 전체가 변화해야 함을 경영진에게 호소한 것이었다. 이처럼 조직은 중간관리자가 단순히 상부와 하부를 이어주는 연결고리 역할뿐만 아니라 변화와 도전을 앞장서서 주도해주길 기대한다.

높은 성과를 내며 과장, 차장으로 꼬박꼬박 1년씩 조기 승진을 하고 회사의 핵심 프로젝트를 도맡아 하던 선배가 있었다. 어느 날 성공적으로 프로젝트를 마치고 자축의 의미로 가졌던 술자리에서 그가 남긴 말을 선명하게 기억하고 있다.

"조직에서 일하면서 중요한 프로젝트를 성공적으로 마쳤을 때 큰 보람을 느껴요. 한 가지 마음에 걸리는 점은 그 과실을 대부분 나 혼자만 독차지했다는 거예요. 뒤돌아볼 때마다 함께해준 동료들과 후배들에게 참 미안해요."

조직에서 변화와 혁신을 이끄는 리더는 언제나 함께하는 팀원보다 몇 배는 더 화려한 조명이 그를 감싼다. 선배와 일하는 동안 조기 승진, 높은 고과와 같은 화려한 열매를 공정하게 나눠 가지지 못한 것은 사실이다. 하지만 이는 사람이 아니라 제도의 영향이 컸다. 선배는 항상 중요한 프로젝트를 이끄는 자리에 있었고, 이미 우리는 선배와 일하면서 각자가 성장하고 있음을 온몸으로 느끼고 있었다. 덕분에 효과적으로 일하는 방법을 항상 치열하게 고민했고, 목표를 달성하기 위해 도전과 배움을 계속했다.

넷플릭스의 다큐멘터리 〈마이클 조던 : 더 라스트 댄스 Michael Jordan : The Last Dance〉는 천재 농구선수 마이클 조던의 리더십과 그의 선수 생활을 조명한다. 오로지 팀의 우승을 위해 훈련 시간에 지독히도 팀원들을 몰아붙이던 조던을 보며 한 동료는 이렇게 생각했다고 한다.

"(조던과 함께 훈련할 때) 최선을 다하지 않으면 난 이 자리에 있을 자격이 없구나, 라고 느꼈어요."

좋은 리더와 일하는 구성원은 항상 함께 뛴다는 느낌을 받는다. 높은 직급이 특권이라 여기는 리더는 팀원들에게 일을 떠넘기지만 진짜 리더는 앞장서서 시범을 보이고, 문제에 봉착했을 때 막힌 구간을 함께 뚫어낸다.

얼마 전 뉴질랜드의 한 20대 국회의원이 연설 도중 던진 한 마디가 전 세계에 화제가 되었다.

"오케이, 부머OK, Boomer!"

젊은 세대가 특히 심각한 문제로 여기는 환경 문제에 대해 연설하던 중 자신의 의견에 야유를 보내며 연설을 방해하는 베이비부머 세대 의원들에게 "알겠어, 꼰대!"라는 말로 응수한 것이다. 사사건건 참견하고 반대하는 기성세대에 반감을 가졌던 이들 사이에서 이 영상은 굉장히 큰 화제가 되었다. 이들은 '짤방'을 만들고 여기저기 공유하며 하나의 놀이로써 이 영상을 즐겼다. 영어권 속어, 은어 등을 다루는 사전 사이트 '어번 딕셔너리urbandictionary.com'에서는 "오케이, 부머"의 의미를 이렇게 설명한다.

"베이비부머들이 바보 같은 이야기를 할 때면 그게 왜 틀렸는지 설명할 수조차 없다. 왜냐하면 수십 년간 쌓인 잘못된 정보와 무지를 해체해야 하기 때문이다. 그래서 그냥 무시하고 '오케이'라고 말하는 것이다."

이처럼 젊은 사람들이 기성세대에게 마음의 문을 닫는 메커니즘은 무엇일까? 모든 일에 당차게 자신의 주장을 할 것 같은 젊은 세대도 직장인 뫼비우스의 띠처럼 상사의 불합리한 행동이나 일방적인 무례함이 반복되면 마음의 문과 입을 철저하게 닫아버린다.

직장인 뫼비우스의 띠

"모르면 물어보라고" → 물어본다 → "넌 그걸 아직도 몰라?" → 안 물어본다 → "모르면 물어보라고" → 물어본다……

"너는 꼭 시켜야 하냐?" → 스스로 한다 → "그걸 왜 네 맘대로 해?" → 수동적으로 한다 → "너는 꼭 시켜야 하냐?" → 스스로 한다……

취업정보 사이트 인크루트가 2019년 성인남녀 853명을 대상으로 '직장 내 꼰대'에 관한 설문조사를 실시한 결과 직장인 88퍼센트는 꼰대 때문에 퇴사하고 싶었던 적이 있다고 답했다. 이들이 꼰대에 대처하는 노하우는 철저한 외면(응답률 78퍼센트)이었다. 외면의 종류는 '일적으로만 부딪히고 개인적인 친분은 쌓지 않는다(33퍼센트)', '꼰대가 한 말은 한 귀로 듣고 한 귀로 흘린다(28퍼센트)', '적당한 거리를 유지한다(17퍼센트)'였다.

리더십 교육 담당자로 일할 때 팔로워들에게 좋은 평가를
받는 리더들의 공통점은 무엇인지 조사한 적이 있다. 300명
가량의 팀장급 이상 리더 중 상위 10퍼센트가 받은 피드백
을 키워드로 분석했다. 성격이 좋다거나 관계를 잘 맺고 친
절하다는 피드백보다 '모두의 의견을 동등하게 존중함', '구
성원에 대한 신뢰와 권한 위임', '솔직하고 투명한 의사소
통', '합리적 사고와 공정함'과 같은 피드백이 압도적으로
높았다. 평가자들의 직무, 연령 분포가 넓었다는 걸 감안해
서 볼 때 직장인들은 세대와 업무의 성격을 초월해 "일을
제대로 하게 해주는" 리더를 원하고 있음을 알 수 있다.

80년대생의 마음속에는 변화를 위한 갈망이 있었지만
시대와 환경이 이를 허락하지 않았다. 반대로 90년대생들
은 자신들의 목소리에 귀 기울여주는 환경을 만났지만 근
본적인 변화를 만들어낼 만한 조직 내 힘이 턱없이 부족하
다. 아날로그, 디지털 문화 모두에 익숙하고 이미 10여 년의
직장생활을 한 80년대생 중간관리자들은 기성세대가 쌓아
온 조직 문화를 이해하면서도 상사들과 큰 갈등 없이 지낼
수 있는 면역체계를 갖추고 있다. 이제 중간관리자들은 기
성세대를 말이 안 통하는 꼰대로만 볼 것이 아니라 조직에

서 새로운 시도를 위해 힘을 실어줄 수 있는 든든한 지원군으로 바라봐야 한다. 동시에 기존 조직 문화의 타성에 젖어 '젊은 꼰대'로 살아갈 유혹을 과감히 뿌리치고, 후배들과 든든한 파트너십을 구축해야 한다.

혼자 꾸는 꿈은 그저 꿈일 뿐이지만 함께 꾸는 꿈은 현실이 된다. 지금이야말로 불필요한 관행과 절차를 마주하면서도 묵혀왔던 물음표를 다시 꺼낼 때다. 낡아빠진 조직 문화, 비효율적인 업무 방식이 있다면 이를 후배들에게 대물림하지 말고 더 나은 조직을 만들어나가는 데 힘써야 한다.

후배님,
우리
싸우지 맙시다

후배가
극혐하는
선배의
열다섯 가지
유형

① 업무에 사사건건 태클을 걸며 속도만 저하시키는 교통체증유발형

② "안 해봤잖아. 그게 되겠어?" 늘 하던 방식만 고수하는 난한놈만패형

③ 충분한 설명 없이 알아서 센스 있게 해주길 바라는 멘탈리스트형

④ 날카로운 표정과 말투로 매사에 공포감을 조성하는 모두까기인형

⑤ 사람을 근본적으로 믿지 않는 성악설맹신형

⑥ "후배면 먼저 인사해야지!" 절대 먼저 인사하지 않는 전봇대형

⑦ 후배가 다 해놓은 일에 숟가락 없는 기생충형

⑧ 자신이 해야 할 일까지 떠넘기는 나몰라형

⑨ 성인지 감수성이 떨어지는 저질드립형

⑩ 후배가 의견을 내도 자기 아이디어만이 최고인 나혼자산다형

⑪ 후배 앞에선 동의하다가 상사 앞에선 돌아서는 안면몰수형

⑫ 업무 외의 사적 영역까지 마음대로 넘나드는 밀입국자형

⑬ 출근하자마자 카페로 수다 떨러 가는 고인물형

⑭ 상사에게는 분노조절잘해, 후배에게는 분노조절장애형

⑮ 업무는 뒷전, 정치에 내 모든 것을 건다! 학혈지흡형

선배를
속 터지게 하는
후배의
열다섯 가지
유형

① 했던 말 똑같이 반복하게 하는 네머릿속의지우개형

② 주관과 소신 없이 무비판적으로 고개를 끄덕이는 넵무새형

③ 사수의 품을 떠나자마자 실수 연발 지뢰밭형

④ 똑같은 실수를 되풀이하는 뫼비우스의띠형

⑤ 중요한 일은 안 하고 작은 일에 목숨 거는 초미립자형

⑥ 일을 자꾸 크게 만드는 호미로막을걸가래로막아형

⑦ 도대체 뭐하고 있나, 싶게 중간보고를 전혀 안 하는 함흥차사형

⑧ 리더가 원하는 방향과 지시의 행간을 읽지 못하는 옆길로새형

⑨ 정해진 데드라인을 지키지 않는 10분만더형

⑩ 지각, 불성실 등 기본적인 업무태도가 불량한 노답형

⑪ 급한 업무를 부탁하면 숨겨둔 이빨을 드러내는 하악질형

⑫ 행선지 공유 없이 오래도록 자리를 비우는 잠수함형

⑬ 뼈 있는 조언과 피드백조차 거부하는 쇄국정책 흥선대원군형

⑭ 행동 없이 임기응변 말로만 때우는 입에침좀닦아형

⑮ 기여 없이 권리만 주장하는 철면피형

왜
자꾸
나만
말할까

**낄끼빠빠가 아닌
학습된 무기력**

누군가에게 '꿀 먹은 답답이'처럼 보이는 것을 좋아하는 사람은 없을 것이다. 그럼에도 유독 회사 안에서는 스스로 가마니의 길을 택하는 사람이 참 많다. 그들의 생각을 들여다보면 경험적으로 학습된 "가만히 있으면 중간이라도 간다"라는 말이 강하게 머릿속에 박혀 있다. 그들이 본래부터 소극적이거나 의견이 없었던 것은 아니다. 단지 회사에서 주관적인 발언을 최소화하면 괜히 말을 꺼내서 매서운 눈초리를 마주하거나 바보 취급을 받는 최악의 상황은 피할 수 있다는 자기 나름의 생존 전략을 터득했을 뿐이다.

중간은 가겠다는 의지

회사에 들어오기 전에 이미 사회생활 경험을 많이 한 눈치빠른 신입사원들은 본능적으로 말해야 할 분위기와 말하지 않아야 할 분위기를 구분할 줄 안다. 그들은 이를 '낄끼빠빠'라고 표현한다. 어떤 사람들은 한술 더 떠 이들에게 사회생활 감각이 있다거나 센스가 있다고 칭찬한다. 과연 이 행동은 정말 '센스' 있는 행동으로 조직 내에서 칭찬받아 마땅한 일일까?

유교 문화에 익숙한 한국에서 이는 사회생활의 덕목이

라고도 볼 수 있다. 하지만 이러한 태도가 '어차피 용기 내어 말한다 해도 소용없을 것이다'와 같이 학습된 무기력의 일종이라면 회사의 미래는 암울하다.

내게도 사회 초년생 시절 리더나 선배가 내는 의견에 반대 의견을 던지거나 우려사항을 제기하는 것은 '미움받을 용기'가 필요한 일이었다. '내가 말한 것이 틀리면 어떡하지'라는 불안감 그리고 건방져 보일 수 있다는 생각 때문에 스스로 입을 닫는 경우가 많았다. 회의 시간에도 정적을 뚫고 소신대로 의견을 말하기란 참으로 어려웠다. 말을 꺼내기에 앞서 수없이 많은 상황을 고려해야 했기 때문이다. 굳이 의도하지 않아도 머릿속에 불현듯 떠오르던 자기검열성 질문은 참 다양했다.

'내가 이 타이밍에 의견을 이야기하면 선배의 의견을
무시하는 것처럼 보이진 않을까?'
'지금 이야기되는 방향은 정말 아니라고 생각하는데
다른 사람들도 내 의견에 동의해줄까?'
'아직까지 내 의견에 확실한 근거가 있지는 않은데,
새로운 관점을 이야기해도 될까?'
'괜히 이야기 꺼냈다가 나만 바보 취급 당하지는
않을까?'

'어차피 팀장님은 정답을 가지고 계신 것 같은데
신입인 내가 말한들 무슨 소용이 있을까?'

만약 이와 같은 자기검열성 질문 없이 자유롭게 의견을
개진할 수 있는 환경을 갖춘 조직이라면 어떨까. 직급 또는
경력과 상관없이 더 나은 결과를 위해 서로가 거리낌 없이
의견을 이야기하고, 미처 생각해보지 못했던 관점을 발견
할 수도 있을 것이다. 잘못된 일에 대해서도 목소리를 내지
못하고 숨죽이는 일이 조직에서 반복된다면 결국 큰 위험
앞에서도 구성원들은 입을 꾹 다문 채 바라만 보게 된다.

회사에서 악습이나 관례에 대해 문제 제기를 하는 화
이트 불편러로 살아가는 것은 굉장한 용기와 도전이 필요
한 일이다. 커다란 심리적 위험을 감수하고 이를 뛰어넘어
진짜 일을 위해, 우리 조직을 위해 과감히 의견을 던지는 일
이기 때문이다. 회사 일에는 정답이 없다. 다양한 사람의 생
각과 관점을 존중할 때 새롭게 문제를 정의할 수 있고, 미
처 고려하지 못했던 이슈들을 검토할 수 있다.

회사에서 화이트 불편러를 길들이는 방법

한국의 창의성 : "말도 안 되는 소리 좀 하지 마."
한국의 혁신 : "누가 책임질 건가?"
한국의 비판적 사고 : "어디서 버릇없이."
어느 트위터리안의 촌철살인

크나큰 위험 부담이 존재함에도 회사에는 종종 화이트 불편러들이 출몰한다. 그들은 바로 우리 조직이 조금이라도 나아졌으면 하는 바람으로 애정과 열정을 담아 반대 의견을 내고 비판적으로 사고하는 사람들이다. 보통 화이트 불편러는 조직생활에 닳고 닳아 좋은 게 좋은 거라는 식으로 생각하지 않는, 즉 아직 깎이지 않은 신입사원이나 경력직 직원일 확률이 높다. 그들은 기존의 구성원이 미처 보지 못하는 뾰족한 시선과 고객의 불편함을 감지하는 예리한 센서를 가동하고 있는 것이다. 그들이야말로 회사에서 그토록 부르짖는 진짜 주인정신을 가진 사람일 수 있다.

그런데 대부분의 조직이 창의성과 혁신, 비판적 사고를 대하는 자세는 어떤가? 혹시 용기 내어 개선 의견을 제시하는 후배에게 '뭘 모르고 하는 소리'라는 표정을 지으며 입을 닫고 있도록 불안감을 조성하지는 않았는지 생각해볼 일이다. 현실 세계에서 벌어지는 일들은 앞서 인용한 트윗과 크게 다르지 않다. 용감하게 사내 게시판에 복지 제도를 개선하자고 건의한 직원에게 누군가는 잘했다고 박수를 쳐주지만 누군가는 해줘도 불만이고 유별나다며 눈을 흘긴다. 다른 회사의 우수 사례를 소개하며 우리 회사에도 도입해보면 좋겠다는 직원에게 "우리 회사 현실을 제대로 이해나 하고 있는 거야?"라고 핀잔을 주며 끝까지 들어보지도 않고 말을 자르기 일쑤다.

구글이 찾아낸 높은 성과를 내는 팀의 조건

구글은 2012년부터 2015년까지 '높은 성과를 내는 팀'의 조건을 찾아 나섰다. 다양한 분야의 전문가들로 구성된 프로젝트 팀은 구글 내 180여 개 팀의 특성과 성과의 상관관계를 연구했다. 이들은 단순히 학벌이나 경력 같은 정보뿐 아니라 팀원끼리 업무 외적으로 친하게 지내는지, 같은 취미를 공유하는지 등을 조사하고 팀원들의 외향성과 내향성을 비롯한 여러 변수를 설정해 철저히 데이터 기반으로 분석했다.

그들이 연구를 통해 밝힌, 높은 성과를 내는 팀을 만드는 데 가장 큰 영향을 주는 요소는 다름 아닌 심리적 안정감이었다. 이 프로젝트의 리더인 줄리아 로조브스키Julia Rozovsky는 데이터를 분석해 '높은 성과를 내는 팀의 다섯 가지 요소'를 뽑았는데 심리적 안정감이 나머지 요소, 즉 상호 간의 믿음, 구조와 투명성, 일의 의미, 일의 영향력, 이 네 가지를 뒷받침하는 핵심 토대라 할 만큼 중요하다고 밝혔다. 심리적 안정감은 조직에서 어떤 의견을 이야기해도 당황스러운 상황에 직면하거나 응징당하지 않는다고 느끼는 것이다.

심리적 안정감을 떨어뜨리는 아홉 가지 행동

심리적 안정감과 관련된 연구에서 우리가 가장 주목할 점은 심리적 안정감이 리더와 팀 차원의 노력만으로도 충분히 효과를 거둔다는 것이다. 즉 리더와 중간관리자가 이를 인식하고 지속적으로 노력한다면 팀원 모두가 적극적으로 의견을 내고 참여하도록 변화시킬 수 있다.

구글의 연구에 결정적 영향을 준 하버드대학교 경영대학원 에이미 에드먼슨Amy C. Edmondson 교수의 연구에서는 심리적 안정감이 조직 전체가 아닌 '특정 집단의 현상'이라는 점을 함께 소개했다. 실제로 미국의 한 제조업체 51개의 팀을 연구한 결과 심리적 안정감은 같은 회사 안에서도 팀별로 다르게 나타난다는 사실이 발견되었다.

잘 알다시피 의사소통은 내뱉는 말로만 이뤄지는 것이 아니다. 무심결에 하는 제스처까지 관리할 줄 알아야 좋은 리더가 될 수 있다. 심리적 안정감을 떨어뜨리는 리더들은 후배들 앞에서 다음과 같은 행동을 하는 데 거리낌이 없다.

① 대화 중에 핸드폰을 보며 이야기에 집중하지 않는다.

② 후배가 의견을 말하고 있는데도 전화가 오면 양해를 구하지 않고 바로 전화를 받는다.

③ 팔짱을 끼고 삐딱한 자세로 듣는다.

④ 고개를 끄덕이는 것과 같은 동의의 제스처를 취하기보다 고개를 갸우뚱하거나 한숨, 하품 등 부정적 표현을 무의식적으로 한다.

⑤ 후배의 의견이 끝나자마자 "근데", "음", "아니, 그게 아니라", "그것보다 중요한 건"이라는 부정적 표현과 함께 바로 반대 의견을 제기한다.

⑥ 실패와 예외사항에 관대하지 않고, 해결책을 같이 고민하기보다 책임만 묻는다.

⑦ 특정 팀원에게만 우호적 태도를 보이는 등 차별 대우를 한다.

❽ 자신의 부족함을 인정하지 않고 후배들 앞에서 계속 결점이 없는 것처럼 보이려고 한다(사실 결점은 가린다고 가려지지 않을뿐더러 이런 행동이 반복될수록 결점은 주변 사람들의 조롱거리가 되기 쉽다).

❾ 의사결정의 배경은 전혀 설명하지 않고 일방적으로 통보한다(시키면 시키는 대로 까라면 까라는 대로).

나는 직장생활을 하면서 딱 한 번 바로 위 선배에게 화를 내봤다. 그 선배는 내가 의견을 낼 때마다 고개를 갸우뚱거리고 반대했다. 선배에게 화를 낸 그날도 그랬다. 아이디어를 말하자마자 어김없이 선배의 지적이 시작되었다. 선배의 말을 가만히 들어보니 내 의견을 제대로 이해하고 지적하는 게 아니었다. 더 이상 납득할 수 없었던 나는 "제대로 이해하고 이야기하세요. 처음부터 틀렸다고만 생각하지 마시고요"라고 맞받아쳤다. 어찌 보면 예의 없는 행동이었지만 언젠가 한번은 문제를 바로잡아야 한다고 생각했다. 고맙게도 선배는 너그럽게 자신의 잘못을 인정해줬고, 이후 우리는 서로의 의견에 부정적 감정을 섞지 않기로 약속했다. 나도 이 일을 계기로 좀 더 설득력 있게 의견을 전달하는 방법을 고민했다.

앞서 설명한 심리적 안정감을 떨어뜨리는 아홉 가지 행

동을 보며 '아직도 저러는 사람이 있어?'라고 생각할 수도 있다. 하지만 조직 문화와 리더의 성향에 따라 이 같은 모습은 여전히 흔하게 목격된다. 특히 위계적인 조직에서는 후배가 선배의 잘못을 지적하기보다 외면하고 입을 닫는 경우가 많기에 사소한 행동들은 더욱더 피드백을 받을 기회가 없고, 고치기가 어렵다.

리더로서 실천해야 할 행동은 비교적 간단하다. 우리가 굳이 개인이 아닌 그룹으로 존재하는 이유를 이해하고, 함께 일하며 성과를 내기 위해 후배를 존중하는 것이다. 자신이 열렬히 사랑하는 또는 사랑했던 사람과의 사이를 생각해보자. 서로 눈빛만 봐도 통하는 사이가 되기 위해, 사소한 오해에 감정이 상하지 않는 단단한 사이가 되기까지 얼마나 많은 노력을 기울였는가. 작은 대화일지라도 온전히 에너지를 집중하고 상대방의 의견과 반응에 고마움을 표현하며 계속해서 함께할 것이라는 사실을 끊임없이 느끼게 했을 것이다. 《최고의 팀은 무엇이 다른가》의 저자 대니얼 코일Daniel Coyle은 이를 사람들이 안전한 교류를 위해 사용하는 원초적 언어, '소속 신호'라고 표현했다.

'같이'가 '가치'를 만든다

리더만이 조직에서 생기는 문제들의 정답을 가지고 있고 부하직원은 리더의 지시를 수행하는 손발일 뿐이라는 관점으로 일하면 조직은 어떻게 될까? 팀원이 아무리 많더라도 결국 일은 리더 한 명의 생각으로만 돌아간다. 현명한 투자자에게 분산투자 전략이 필수적이듯, 현명한 리더 역시 오로지 자신의 머리와 판단력에만 의존하는 도박에서 벗어나 함께 일하는 직원들의 참여와 자율성을 높임으로써 분산투자를 해야 한다.

가슴 뛰는 목표를 향해 함께 달리려면 조직에 심리적 안정감을 불어넣고 다양한 시도와 실패 속에서 함께 성장하려는 마음가짐을 가져야 한다. 급변하는 불확실성의 시대에 리더는 더 이상 혼자서 모든 문제의 정답을 내릴 수도, 예측할 수도 없다.

선의를
핑계로
선 넘지
말자

**꼰대 스위치 오프의
기술**

오래전에 있었던 일이다. 신입사원 공채 교육을 받던 나는 정원이 한 명뿐인 직무에 무려 나를 포함한 열 명이 합격했다는 사실을 알게 되었다. 엎친 데 덮친 격으로 본사에서는 6개월 만에 그 자리에 경력직을 채용했다. 하루라도 빨리 전문성을 쌓기 위해 과감히 퇴사를 결심했고, 팀장님에게 퇴직 면담을 서둘러 요청했다.

그 무렵 퇴사율이 솟구쳐 위기감을 느꼈던 것일까? 팀장님은 자신이 인사팀에서 지정한 멘토라는 때늦은 고백과 함께 퇴직 면담 시간을 멘토와 멘티의 첫 식사 자리로 보기 좋게 포장했다.

"다 너 잘되라고 하는 이야기야"

팀장님은 나의 퇴사 이유에는 전혀 관심이 없어 보였다. 사회 초년생의 치기 어린 투정쯤으로 나의 퇴사 고백을 단정해버린 듯했다.

"회사생활이 다 거기서 거기지. 다른 회사 가도 별반 다를 거 없어. 내가 이미 수없이 겪어봤잖아. 형이 너 생각해서 잘되라고 하는 소리야, 인마."

둘만의 식사 자리에서 팀장님은 누구보다 나를 끔찍이

아끼는 '우리 형'이 되어 있었다. 우리 형은 면담 내내 본인이 정해놓은 퇴사 번복이라는 골문을 향해 나를 일방적으로 몰아세웠다. 퇴사하지 않겠다는 대답 외에는 허용되지 않을 것 같은 압박감 때문인지 평소보다 공기가 더욱 무겁게 느껴졌다.

한참이 지나도 나의 퇴사 의지가 꺾이지 않자 식사 자리는 얼음장이 되었다. 한순간에 나는 말이 전혀 안 통하고 세상 물정 모르는 애송이로 전락했다. 원하는 답을 얻지 못한 팀장님은 이미 빨간불이 켜진 내 마음속 신호등을 무시하고 제멋대로 길을 건너오기 시작했다.

"참 고집 세다. 그렇게 안 봤는데 외골수네!"

최근 2년간 퇴사자가 급증하는 상황에서 그의 최종 목표는 오로지 나를 눌러앉히는 것이었다. 아이러니하게도 내 퇴사 결심을 돌리기 위해 마련된 멘토님과의 첫 일대일 식사 자리는 퇴사 결정에 확신을 줬다.

나를 위한다는 좋은 마음으로 포장된 일방적 강요는 불화살이 되어 내 가슴에 꽂혔다. 가슴을 새카맣게 태운 그화살은 성난 마음에 불을 지펴 '보란 듯이 더 성공하고 말겠어'라는 청개구리 심보까지 키워줬다.

팀장님의 선한 의도는 일방적 강요에 대해 스스로 부여한 일종의 면죄부였다. 그 면죄부를 가장 선명하게 보여주는 말이 바로 "다 너 잘되라고 하는 이야기야"였다. 팀장님은 자신이 던지는 말과 표현이 선을 넘는 참견임을 모른 채 브레이크 없이 내달리고 있었다.

목적지가 하나뿐인 대화는 그만큼 갈등에 취약하다. 상대방에게는 강요를 수락하는 것 외에 선택지가 전혀 없기 때문이다. 예상되는 경로를 이탈하면 곧장 채찍이 날아온다. 경험상 선의로 시작된 대화는 문제를 해결하는 만능열쇠가 아니다. 자세히 들여다보면 선한 의도 어딘가 일그러진 구석이 있다. 진짜 선의를 갖고 있다 하더라도 잘못된 표현 방식으로 관계가 눈 깜짝할 사이에 멀어지는 경우가 수없이 많다.

스스로 답을 찾도록 질문하고 기다리자

심리학자이자 상담치료 기법을 연구한 칼 로저스Carl Rogers의 인본주의 상담 철학은 전 세계의 수많은 심리상담가와 비즈니스 리더에게 영감을 주었다. 그는 상담을 통해 진정한 변화를 이끌어내기 위해서는 내담자의 태도보다 치료자의 태도가 훨씬 더 중요하다고 강조한다.

"인간은 긍정적인 변화를 위한 스스로의 내면적 동기와

잠재력을 가진 존재이며, 치료자가 내담자를 받아들여 공감하고 존중하고 이해하면 내담자 스스로 변화를 모색하며 문제를 해결한다."

그의 사상은 훗날 코칭 분야에도 큰 영향을 주었다. 코칭의 가장 중요한 철학 중 하나는 '상대방이 스스로 답을 찾을 수 있도록 질문한다'이다. 자신의 경험과 지식을 바탕으로 상대방을 정해진 길로 이끄는 '컨설팅'과는 전혀 다른 방법론인 것이다.

회사에서 후배들이 컨설팅을 먼저 요청하지 않는 이상, 중간관리자는 후배 스스로 답을 찾아갈 수 있도록 기다려야만 한다. 정말 아무것도 모르는 생짜배기 초보인 경우를 제외하고 말이다. 요즘 들어 얼굴이 어둡고 도통 근무의욕이 없어 보이는 후배에게 "맨날 딴생각하고 퇴근할 시간만 기다리니까 그렇지!"라며 일방적 결론과 불만을 전하기보다 "요즘 일하면서 고민되는 점 있어?"와 같은 질문으로 공감하는 것이 우선이라는 뜻이다.

일의 생산성을 높이는 비폭력 대화

답을 정해놓고 밀어붙이는 이들은 마주하며 말한다는 '대화'의 본래 의미를 무색하게 한다. 그들과의 대화는 걱정으로 포장된 일방적 방향 지시에 가깝다. 이런 상황을 극복하기 위해 비폭력대화센터의 설립자 마셜 로젠버그Marshall B. Rosenburg는 '비폭력 대화'라는 해답을 제시한다.

비폭력 대화란 상대방을 비난하거나 비판하지 않으면서 자기 마음을 솔직하게 표현하는 방법이다. 이 대화법은 평소 자신이 선한 의도로 상대방에게 던지는 말들 속에도 상대방에 대한 평가와 강요 그리고 폭력성이 담겨 있을 수 있다는 깨달음을 준다. 비폭력 대화에서는 특정한 결과를 얻는 데 관심을 두기보다는 각자의 욕구를 서로 이해하고 존중하면서 마음과 마음으로 연결하여 모두의 욕구를 충족시킬 방법을 찾는 데 초점을 맞춘다.

비폭력 대화는 관찰, 느낌, 욕구, 부탁의 네 가지 단계로 나뉜다.

1단계, 있는 그대로 관찰하기

관찰에 평가를 섞으면 듣는 사람은 그것을 비판으로 받아들이고 상대방의 말에 저항감을 느끼기 쉽다.

평가 그 후배는 항상 지각을 하고 선배를 무시한다.
관찰 그 후배는 지난주 10분 지각을 두 번 했다.

평가는 주관적이고 관찰은 객관적이다. 사실fact로만 상황을 바라보는 것이 관찰이다. 지각할 수밖에 없는 피치 못할 사정도 있다는 걸 항상 고려해야 한다. 하나의 사건으로 쉽게 단정하거나 불필요하게 부정적인 감정을 키우는 것은 관계에 독이 될 뿐이다.

2단계, 생각과 느낌을 구별하기

어떤 상황에 대한 느낌, 생각, 평가, 해석을 구별해야 한다.

> 평가   회의 시간마다 갑작스레 정반대의 의견을
> 제시하는 후배가 버릇없게 느껴진다.

'느껴진다'라고 했지만 사실 이는 느낌이 아니라 후배의 행동을 어떻게 이해하고 있는지 평가('버릇없다')하는 말이다. 느낌을 정확히 표현한다면 '후배가 갑작스레 반대 의견을 던질 때 불쾌하다'가 되어야 한다.

3단계, 느낌의 근원인 욕구 찾기

다른 사람을 비판하고 비난하고 분석하고 해석하는 것은 자신의 욕구를 돌려서 표현하는 것이다. 앞에서 본 사례에서 '버릇없다'라는 말 속에는 후배에 대한 불쾌감 그리고 회의를 생산적으로 진행하고 싶다는 욕구가 섞여 있다.

> 욕구 생산적인 회의가 되길 바란다. 반대 의견을
> 제시하려면 배경과 맥락을 먼저 설명해주면
> 좋겠다.

이처럼 자신의 느낌과 욕구를 먼저 정리한다면 후배와 감정싸움하지 않고 생산적인 목표를 설정해 진짜 대화를 해나갈 수 있다.

4단계, 강요하지 말고 부탁하기

상대방으로 하여금 '부탁에 응하지 않으면 비난이나 처벌을 받을 것이다'라고 생각하게 만든다면 이는 부탁이 아닌 강요다. 하지 않을 것을 권하는 게 아니라 했으면 하는 것을 전달하는 게 부탁이다. 그리고 변화를 스스로 유도할 수 있도록 막연하고 추상적이고 모호한 말은 피해야 한다.

"맥락 없이 반대 의견을 제시하니까 맥이 뚝뚝 끊기잖아요. 좀 센스 있게 상황을 봐가면서 해줄래요?"라고 말한다면 구체적인 요구도 없이 그렇게 하지 않을 때 비난과 처벌이 따라올 수 있다는 느낌만 전달하는 부정적인 부탁이 되어버린다. "반대 의견을 제시할 때 어떤 목적과 의도로 그런 아이디어를 제시하는지 먼저 충분히 설명해주세요. 함께 고민하기 위해 이런 과정이 필요하다고 생각해요. 어떻게 생각하나요?"라고 부탁한다면 후배는 건설적인 의견을 효과적으로 제시하는 방법을 고민할 것이다.

꼰대 스위치가 켜진 순간에는 상대방이 내 맘 같지 않고 자꾸 엇나간다는 생각이 들게 마련이다. 즉 선한 의도로 선 넘는 강요를 할 수 있는 위험한 상황인 것이다. 후배들에게 중간관리자는 컨설턴트가 아니다. 모든 문제의 답은 각자 자신에게 있다는 생각의 전환을 통해 먼저 공감하고 질문하고 기다려보자. 꼰대가 아니라 믿을 수 있는 선배로서 자리매김하려면 상처 받지 않고 상처 주지 않는 건강한 대화를 해나가야 한다.

기분이
태도가 되지
않도록

**실행력을 높이는
피드백**

선배　"후배야, 선배와 꼰대의 차이를 아니?"

후배　"모르겠는데요."

선배　"선배는 물어본 것에만 말하고 꼰대는 물어보지
　　　않은 것에도 말한다."

후배　"안 물어봤는데요."

직장 내 선후배의 대화가 얼어붙고 있다. 후배에게 건네는
조언 한마디조차 잔소리로 느낄까 봐 조심스러워하는 선배
들이 늘고 있고, 급기야 '말해서 뭐해' 하며 입을 꾹 닫아버
리는 이들까지 생기고 있다.

　많은 조직에서 업무와 의사결정의 속도를 높이기 위해
직급체계를 단순화하고 피라미드 조직 구조를 네트워크형
으로 변화시키면서 조직 내 권력은 점점 더 분산되고 있다.
거기에 더해 존중과 배려로 자라온 요즘 젊은 세대는 기성
세대가 구축한 꼰대 문화에 강한 거부감을 느낀다. 이제는
유행어처럼 번진 꼰대, 젊은 꼰대가 되지 않기 위해 오히려
선배들이 후배들의 눈치를 본다.

　이런 상황에서 잘못된 피드백 방식은 역효과를 불러일
으킨다. 선배 세대는 조금 표현이 거친 피드백일지라도 입
에 쓴 약이 몸에 좋다며 눈을 꼭 감고 삼켰지만 지금 후배
들은 존중과 배려가 없는 피드백은 삼키기 전에 과감히 뱉

어버린다. 심지어 "선배 대접을 받고 싶으면 선배처럼 행동
하세요"와 같은 말로 납득되지 않는 피드백을 주는 선배를
쏘아붙이기도 한다.

"피드백이 아니라 나쁜 피드백이 싫어요"

후배들은 무조건 피드백을 피하려고만 할까? 직장생활 1~3
년차 후배들과 이야기를 나눠보면 그들의 마음속에는 피드
백을 향한 두 가지 상반된 감정이 줄다리기를 하고 있다.

하나는 발전적인 피드백을 받아 성장의 기회로 삼고 싶
다는 마음이다. 조직을 떠나는 후배와 동료에게 흔하게 들
은 말 중 하나는 "회사에 존경할 만한 선배가 없다. 배울
만한 선배가 없다"라는 것이었다. 항상 성장과 배움에 목말
라하며 업무를 통해 자신의 커리어를 어떻게 개발할지 끊
임없이 고민하고 있는 것이다. '워라밸'의 열풍 속에서도 날
개 돋친 듯 팔리는 직무 전문가의 온라인 클래스와 서로의
전문성을 나누는 주제별 독서 토론 모임의 열풍이 이들의
마음을 대변한다.

이와 대조적인 두 번째 감정은 피드백 과정에서 오는 일
방적 지시와 강요에 대한 불편함이다. 끝없이 반복되는 부

정적 피드백 또는 나만이 정답을 갖고 있다는 식으로 '답정너' 모드를 장착한 선배는 일할 의욕을 꺾는 주범 중 하나다. 이런 피드백을 받을 바에야 차라리 피하고 싶다는 마음이 후배들의 솔직한 심정인 것이다.

그들은 회사에서 진정한 가르침을 줄 진짜 멘토를 찾고 있으나 일방적 의사소통과 잘못된 피드백으로 상처만 받는 현실이 싫어 회사를 떠나간다. 피드백이 싫은 게 아니라 잘못된 피드백이 싫을 뿐이고, 상사가 싫은 게 아니라 나쁜 상사가 싫은 것이다.

후배를 적으로 만드는 피드백

1. 과거만 있고 미래는 없는 잘못 추궁

피드백을 받으며 감정이 상하는 순간은 상대와 내가 한 팀이 아니라 다른 팀처럼 느끼게 되는 경우다. 상사의 피드백을 받다 보면 가끔은 심사받으러 왔나 하는 착각이 들 때가 있다. 어떻게 문제를 보완할지 함께 고민하기보다 어떤 부분이 잘못되었는지 지적만 하다 끝나는 상황이 그렇다. 물론 잘못된 부분에 대한 날카로운 지적이 팀원의 성장에 도움이 되는 것은 사실이다. 다만 명확한 근거와 이유가 있어야 하고, 해결 방향도 함께 고민하는 것이 바람직하다.

직원 가족 초청 행사의 기획안을 제출한 후배가 있다고 가정해보자. 잘못을 추궁만 하는 리더는 기획안을 보고 이렇게 이야기한다.

"아니, 기획안이 일단 가독성이 떨어져요. 부장님이 봤을 때 이 구성이 눈에 잘 들어오겠어요? 그리고 지금 뮤지컬이 시의적절하다고 생각해요? 뮤지컬은 작년에도 진행했는데 똑같은 포맷으로 진행하면 당연히 직원들이 식상해하지 않겠어요? 참석률을 높이는 것이 주목적 아니었나요?"

후배는 이런 피드백을 들었을 때 고개를 숙이는 행동 외에 선택지가 없다. "그럼 어떻게 구성하라는 건가요?"라는 질문을 던지면 되바라진 후배로 낙인찍히기 십상이다.

근거와 미래가 있는 피드백은 이렇게 흘러간다.

"기획안에서 배경, 취지 부분의 근거가 부족해서 전체적으로 설득력이 떨어지는 것 같아요. 작년에도 뮤지컬을 진행했는데 올해도 뮤지컬이라면 그에 대한 합당한 이유가 있어야 할 테고요. 예를 들어 직원들 만족도가 높았다든지, 같은 뮤지컬이지만 작년과 차별화되는 점은 무엇인지와 같은 것들이요. 또 부장님은 어떤 생각을 하고 계실지 모르니, 올해 참석률을 높이는 것이 주요 목표라면 뮤지컬 외에도 부모와 아이까지 전 연령이 함께 즐길 수 있는 새로운

아이디어를 추가로 고민해봤으면 좋겠어요. 박 대리 생각은 어때요?"

한국말이 참 어렵다. 아 다르고 어 다르다. 첫 번째 피드백은 팀원의 기획안을 평가하기 바빴고 그 평가의 근거조차 부족했다. 하지만 두 번째 피드백은 팀 차원의 공동의 목적을 다시 한번 정확히 공유하면서 '차상위권자를 어떻게 하면 더 잘 설득할 수 있을까'라는 '같은 배' 전략을 사용했다. 과연 후배는 어떤 피드백을 주는 리더를 신뢰하고 업무를 더욱 효과적으로 처리해나갈까.

2. 일부를 전체로 확대하는 빈도부사

"정 대리는 항상 왜 그러는 거예요?"

후배의 문제 행동을 전체로 확대해 지적하는 리더의 피드백 방식은 오히려 문제를 키우고 함께 일하는 팀원들이 마음을 닫게 만든다. 잘되자고 하는 피드백이 오히려 일을 그르치는 것이다. 훌륭한 피드백은 사람을 비난하지 않고 객관적인 사실을 근거로 개선점을 지적하기 때문에 효과가 있다. 내가 이만큼 권위 있고 경험을 가진 사람이니 그냥 시키는 대로 하라며 정답만 툭 던지지는 않는 것이다.

피드백할 때 빈도부사는 특히나 주의해서 사용해야 한다. 피드백은 의미를 정확하게 전달하는 것이 생명인 만큼 표현에 더 신경을 쓰는 게 당연하다. "지난주에만 두 번 지각을 했는데 무슨 일 있어요?"와 "왜 밥 먹듯이 지각을 해요?"는 다르다. 굳이 일부의 문제를 전체로 확대 해석하는 것은 어리석다. 문제를 함께 해결하면 끝나는 일인데 "맨날", "허구한 날", "또"와 같은 빈도부사가 담긴 피드백을 받으면 화가 나기 마련이다. 열심히 잘해온 부분까지 모조리 부정당하는 기분이 들기 때문이다. 문제 해결을 위한 피드백이라면 정확하게 문제에만 집중할 필요가 있다.

3. 좋은 사람 콤플렉스가 낳은 모호함

대부분의 사람은 후배들에게 좋은 사람이고 싶어 한다. 하지만 관리 업무를 하다 보면 자꾸 쓴소리를 내뱉을 수밖에 없는 상황이 다가오고 이를 피하기란 어렵다. 문제는 이런 감정들 때문에 끝마무리가 확실하지 않은 모호한 피드백을 할 때다.

실컷 불편한 감정 속에 잘못을 지적해놓고 "앞으로 잘해봅시다"나 "화이팅 합시다"와 같은 추상적인 마무리를 하는 것은 위험하다. 피드백은 부족한 부분에 대해 납득할 수 있도록 설득력 있게 짚어주는 것이 1단계고, 앞으로 원하는 방향을 정확하게 제시하는 것이 2단계다. 좋은 사람이 되고 싶어 하는 리더들은 1단계에서 2단계로 잘 넘어가지 못

한다. 물론 좋은 사람 콤플렉스조차 없는 리더는 1단계에서 감정적인 피드백을 해 팀원들이 마음을 닫게 만든다.

리더는 문제 상황을 정확히 직면하는 것에 만족하지 말고 자신이 원하는 변화의 모습을 구체적으로 제안한 뒤 이에 대한 의견을 물어야 한다. 이런 과정은 팀원을 변화의 주체가 되도록 만들어준다.

비폭력 대화도 생산적 피드백의 좋은 참고가 된다. 생산적 피드백을 위해 우리가 비폭력 대화에서 주목할 부분은 욕구와 부탁의 단계다. 우선 피드백이 필요한 행동을 발견했더라도 무조건 비난하지 말고 자신의 욕구를 먼저 고민하자. 예를 들어 기대보다 업무 성과가 부진한 후배에게 "○○○ 씨는 요즘 하는 일마다 결과물이 별로네요?"와 같이 감정을 앞세운 나쁜 피드백을 하지 않는 것이다. 자신의 욕구에 집중한 리더는 이렇게 말한다.

"예전 같지 않게 업무 속도와 결과물 두 측면에서 성과가 기대에 미치지 못해 함께 일하는 데 어려움이 있어요. 호흡을 잘 맞춰 시너지를 내고 싶어서 이야기를 꺼내요."

두 번째는 부탁이다. 업무 성과가 부진한 후배에게 피드백을 던진 뒤 "그러니까 앞으로 잘합시다"라고 말하는 것은 부탁이 아닌 강요다. 부탁은 상대방에게 거절할 기회를 주지만 강요는 거절할 기회를 차단한다. 좋은 피드백은 "업무에 몰입할 수 없는 사정이 있거나 불가피한 어려움이 있다면 미리 말해줬으면 하는데, 어떻게 생각해요?"와 같이 변화 방향을 함께 모색할 수 있도록 상대방에게 의견을 말할 기회를 준다. 이런 피드백 방식은 리더와 팀원이 함께 문제를 해결해나가는 한 팀이라는 것을 확실히 인지시켜준다.

칭찬과 꾸지람의 황금비율

마지막으로 리더가 놓치지 말아야 할 것은 긍정적 피드백과 부정적 피드백의 비율이다. 미국의 마셜 로사다Marcial F. Losada와 에밀리 히피Emily Heaphy 교수는 조직 내 긍정적, 부정적 대화가 성과에 어떤 영향을 주는지 연구했다. 그들은 60개 팀을 대상으로 상사가 부하에게 하는 대화에서 칭찬과 격려 등 긍정적 대화와 꾸지람과 비난 등 부정적 대화의 비율을 분석했다. 칭찬과 질책의 비율이 고성과 팀에서는 5대 1, 중간 수준의 팀에서는 1대 1, 저성과 팀에서는 0.36대 1로 나타났다. 이 연구 전에 워싱턴대학교 심리학과 명예교수인 존 가트맨John Gottman은 1994년 커플들을 대상으로 조화롭고 지속 가능한 관계의 비밀을 연구했는데, 흥미롭게도 좋은 관계를 유지하는 커플들의 긍정적, 부정적 대화의 비율 또한 5대 1로 밝혀졌다.

　이 같은 연구결과는 아무리 피드백에 능숙한 리더라도 부정적 피드백의 빈도가 높다면 독이 될 수 있음을 설명한다. 자신의 피드백이 잘 먹히는 것 같아 팀원에게 매순간 개선을 요구하고 잔소리를 하는 리더가 좋은 리더일 리 없다. 리더라고 해서 피드백을 무한정 던질 권한이 주어지는 것은 아니다. 깊은 울림을 전달하는 한 번의 날카로운 피드백을 위해 최소한 다섯 번의 긍정적인 대화를 나눠야 한다는 사실을 잊지 말자.

떠넘길
것이냐,
믿고
맡길
것이냐

**동기부여의
디테일**

"과장님, 잠깐 회의실로 들어와 보시랍니다."

업무를 하던 과장은 후배의 한마디에 갑작스레 회의실로 불려갔다. 부장이 두 명의 실무자와 회의를 하다가 회의가 끝나가는 시점에 추가로 과장 한 명을 소환한 것이다. 용건은 간단했다. 생각보다 업무량이 많으니 한 부분을 백업해달라는 이야기였다. 그렇게 새로 맡게 될 업무에 대한 설명을 대강 전했다.

그러던 중 과장이 던진 질문으로 또 다른 고려사항이 파악되었다. 이미 업무 분장을 해버린 부장은 앞에 앉은 후배들에게 추가 업무를 맡기기가 미안했는지 밖에 있던 또 다른 후배를 소환했다. 회의실에 있던 세 명은 앞서 들은 이야기를 다시 반복해서 들었고, 새로 들어온 후배는 마찬가지로 전체 업무 중 일부를 담당하게 되었다. 그렇게 최초 세 명이 입장했던 회의실에서 다섯 명이 퇴장했다. 기획의도나 기대 결과에 대해 충분히 이야기를 나누고 싶었지만 점심시간이 다가오고 있었다. 그렇게 번갯불에 콩 구워 먹듯 회의가 끝났고, 추가로 입장한 두 사람의 손에는 갑작스레 맡겨진 수명 업무가 하나씩 쥐어져 있었다.

패전처리조의 기분

일을 하고 싶게끔 하려면 어떻게 업무 요청을 해야 할까? 일을 하면서 재미를 따지는 것이 우스워 보일 수 있으나 업무에도 할 맛 나는 일과 그렇지 않은 일이 분명히 존재한다. 앞서 살펴본 상황은 일을 시작하기도 전에 불쾌해지는 경우다. 마치 땜빵하듯 업무에 투입되어 잠깐 급한 불을 끄고 아무 공로도 인정받지 못하고 사라져야 하기 때문이다. 소위 말해 허드렛일이다.

구성원들의 업무가 독립적이지 않고 유기적으로 연결된 팀에서는 이 같은 상황에서 협조적인 모습을 보일 때 "저 친구는 팀워크 능력이 참 좋아"라며 인정을 받기도 한다. 하지만 냉정하게 말해 '떠넘겨진 일'은 개인을 성장시키기 어렵다. 처음부터 끝까지 일의 본질과 목적을 고민하지 않고 일부 기능적인 부분만을 담당하기 때문이다. 바로 그 순간 '기계가 아니라 기계 부품처럼 일하고 있다'라는 생각이 자연스레 머릿속을 스쳐 지나간다.

프로야구 투수들 중 가장 고된 포지션은 중간에 투입되는 계투라는 말이 있다. 선발투수로서 경기를 주도하는 것도 아니고, 승리를 지키는 화려한 마무리 투수도 아니다. 심지어 경기 상황에 따라 언제든 투입될 수 있도록 준비하고 있어야 한다. 등판 일정이 주기적이지 않으니 자신이 상황을 통제할 수 없어 무력하기 쉽고 컨디션을 조절하기도 어렵다. 최상의 컨디션으로 경기에 나간다는 것이 불가능에 가깝다.

그런 계투 중에서도 가장 초라한 일을 하는 투수를 패전처리조라 한다. 이미 큰 점수 차로 패배가 확정된 경기에 나서는 투수이기 때문이다. 직장인으로 치면 성공하지 못한 프로젝트의 서류 작업을 마무리하는 업무라고 할 수 있다. 이러한 업무를 할 때는 일의 의미를 찾기도 어렵고 의욕도 떨어진다.

회사에서 즐거운 일이란 성취감이 있는 일이다. 무언가를 처음부터 기획하고 실행해서 원하는 결과를 냈을 때 느끼는 뿌듯한 감정 말이다. 그 과정에는 소소한 재미도 있다. 평소 관심 있던 분야를 공부하는 즐거움, 업무를 통해 새롭게 맺은 소중한 인연 같은 것들이 그렇다. 하나의 업무를 온전히 담당할 때 느끼는 즐거운 감정들이다.

마이크로 매니징의 문제

중간관리자로서 후배들과 일을 하다 보면 수시로 답답한

감정이 스멀스멀 올라온다. 업무를 제대로 된 방향으로 진행하고 있는지, 왜 아직까지 중간보고 소식이 없는지 궁금한 것이다. 신경을 끄려 해도 자꾸만 속으로는 조바심이 든다. 그렇다고 생각날 때마다 잔소리를 할 수도 없는 노릇이다. 가만히 있는다고 불안감과 스트레스가 해소될 리도 없다. 상사의 생각과 타이밍을 후배가 정확하게 알고 그 순서에 맞춰 중간보고를 하고 원하는 방향대로 업무를 수행한다는 건 불가능에 가깝다.

업무에 빠삭한 실무자가 리더가 되었을 때 가장 쉽게 빠지는 함정이 바로 마이크로 매니징이다. 한정된 시간 안에 결과를 내는 자신만의 확실한 업무 프로세스와 방식이 있으니 후배가 언제 무슨 생각을 할지 훤히 예측이 되고 본인의 속도와 방향을 따라오지 못하면 이를 답답해하며 세세하게 하나하나 가르치는 것이다. 마이크로 매니징은 후배 스스로 문제 해결할 기회를 막는다. 문제집 맨 뒤의 해답지를 수시로 보여주며 수학 문제를 풀게 하는 것과 같다. 자신의 품 안에 두고 걸음걸이 하나까지 세세하게 피드백을 하면 후배의 시야는 점점 더 좁아져 하던 일만 지시대로 수행하게 된다.

배를 만들고 싶을 때 사람들을 숲에 불러 모아

일감을 나눠 주고 명령할 필요는 없다.

대신에 넓고 끝없는 바다에 대한 동경심을 키워줘라.

앙투안 드 생텍쥐페리

훌륭한 중간관리자는 후배가 전체 큰 그림 안에서 스스로 무엇을 할지 알 수 있도록 업무를 준다. 후배가 일의 목적과 이유도 모른 채 기계적으로 일을 수행한다고 느낀다면 이는 업무 요청을 잘못한 것이다.

떠넘기는 리더와 믿고 맡기는 리더의 차이

"당신은 여기까지만 하세요" vs "이 일은 당신 거예요"

떠넘기는 리더는 전체 업무에서 극히 일부만 임시방편으로 떼어주고, 믿고 맡기는 리더는 사소한 업무라도 처음부터 끝까지 책임지게끔 한다. 모든 업무에 적용하는 것은 불가능하지만 후배들의 참여감을 높이려면 스스로 A부터 Z까지 완수할 수 있도록 업무를 디자인해야 한다. 하다못해 그것이 복사를 하거나 커피를 타는 일이라도 말이다.

똑똑한 중간관리자라면 회의록을 작성하는 일도 조금 다르게 설계한다. 신입사원이 들어왔다고 해서 "회의록은 계속 막내 담당이었으니 이제 신입인 ○○○ 씨가 하세요"
라며 업무를 떠넘기지 않는다. "회의록은 막내들이 작성해
왔는데 앞으로 2주 뒤부터는 ○○○ 씨가 맡아주면 좋겠
어요. 기존과 똑같은 방식으로 진행할 필요는 없어요. 현재
회의록 정리 방식을 살펴보고, 가장 효율적이고 효과적인
방법을 고민해 진행해주세요"라고 요청한다. 이처럼 기존의
양식을 벗어나 색다른 방식을 고려할 수 있게 권한을 주는
것이 중요하다.

이렇게 업무를 디자인해서 요청할 때 후배는 그 일을
'믿고 맡겨준 업무'로 느낄 가능성이 높다. 목적을 달성할
수만 있다면 후배 스스로 업무 방식을 변화시킬 수 있도록
여유 공간을 충분히 마련해주는 것이다. 그럴 때 후배는 선
배들로부터 피드백을 받으면서 좀 더 나은 방법을 고민할
수 있다. 핵심은 후배가 아무 생각 없는 손발로 일하지 않
고 일센스를 기를 수 있게 업무를 맡기는 것이다.

"이거 잘못했네요" vs "가이드라인을 줄게요"

떠넘기는 리더는 성과만 취하고 실패의 책임은 지지 않는
다. 믿고 맡기는 리더는 실패를 용인하되 치명적인 실수를
방지하는 명확한 가이드라인을 제시한다.

특히 업무 의욕이 도통 없어 보이는 후배를 자발적으로

일하게 하고 싶다면, 한두 번의 실패를 용인할 수 있는 범위 내에서 그가 강점을 발휘할 수 있는 업무를 과감하게 위임해야 한다. 동시에 '이것만은 지켜줘' 또는 '이것만은 안 돼'라는 확실한 가이드를 제시해 치명적인 실수를 예방하도록 한다.

한 대형 컨퍼런스의 마케팅 업무를 진행할 일이 있었다. 일손이 부족해 나와 후배 한 명이 함께 업무를 담당했다. 프로젝트 매니저 역할을 맡았던 나는 그 후배에게 업무를 믿고 맡길 절호의 기회라고 생각했다. 후배는 입사한 지 6개월이 채 되지 않아 신입사원 티가 났다. 하지만 오프라인 채널에서 온라인 채널 위주로 마케팅 전략을 전환하던 시점이었기에, 디지털에 익숙하고 평소 기술 분야에 관심이 높았던 그 후배가 강점을 발휘할 기회라 여겼다.

나는 오프라인에서 온라인 마케팅으로 전환하는 이유를 충분히 설명하고, 적합한 채널과 방식을 고민해 기획서를 제출해달라고 했다. 마케팅의 타이밍과 규모가 중요한 만큼 "이번 주 내로 1차 검토 결과를 공유해주고, 작년 오프라인 마케팅 지출 비용을 초과하지 않게 기획해보자"라는 가이드를 제시했다.

후배는 예상대로 업무에 흥미를 보였다. 온라인 마케팅이라는 업무 전체를 맡는 것이라 그런지 어느 때보다 의욕적으로 일에 뛰어들었다. 그리고 기대 이상의 성과를 보여 줬다. 심지어 온라인 마케팅으로 홈페이지에 유입되는 데이터를 분석해보겠다며 구글 애널리틱스를 활용하는 방안까지 제시했다. 만약 내가 후배에게 온라인 마케팅 채널을 지정해주고 업체에 연락해서 견적서를 받아오라는 식으로 업무를 떠넘겼다면 어땠을까.

"일을 왜 이렇게 했어요?" vs "해보니까 어땠어요?"

떠넘기는 리더는 업무의 결과만 놓고 이야기한다. 반면에 믿고 맡기는 리더는 진행 과정과 이후 계획에 대해 피드백한다.

"아니, 회의록 상태가 왜 이 모양이죠?"

떠넘기는 리더는 종종 후배가 어떻게 업무를 진행하든 방치하다가 결과만 놓고 비난한다. 어차피 큰 실수가 생길 것도 없는 작은 업무이니 세심하게 신경 쓸 필요 없고, 업무를 완수했을 때 틀린 것만 지적하면 자신의 권위는 살기 때문이다.

이런 유형의 리더는 사소한 빈틈에도 큰일이 난 것처럼 후배를 매섭게 지적해 움츠러들게 만든다. 이러한 피드백은 후배가 자신의 생각대로 진행해도 되는 업무조차 끌어가기 어렵게 만든다. 사소한 일들에도 훈계를 받아온 기억들이 남아 자기 생각에 대한 확신과 자신감이 떨어지는 것이다.

믿고 맡기는 리더는 업무를 위임할 때만 신경 쓰는 것이 아니라 업무를 완료한 뒤에도 피드백하고 코칭한다. 질문을 통해 후배의 생각을 이끌어내고 스스로 개선 방법을 고민하게끔 만든다. 선배의 머릿속에서 나온 지시사항이 아니라 스스로 생각한 개선 방안이기에 의욕이 차오르고 동기부여가 된다. 만약 직접 고안한 아이디어들이 효과를 본다면 앞으로 업무를 할 때 자신감을 얻어 추진력을 발휘할 것이고, 설령 실패하더라도 이 과정을 통해 선배와 신뢰를 쌓았으므로 고민을 나눌 용기를 얻을 수 있다.

단순 업무 요청에도 디테일이 필요하다

처음부터 끝까지 업무를 설계하는 것이 불가능한 단순 업무를 요청할 때는 어떻게 해야 할까?

우리는 살면서 참으로 많은 설문조사에 참여한다. 나 역시 마찬가지인데, 간곡히 참여를 부탁할 때와 달리 응답이 끝나도 결과를 알려주지 않는 경우에는 기분이 나쁘다. 화장실 들어갈 때와 나올 때 다르다는 말이 이럴 때 쓰라고 있는 말 같기도 하다.

나는 이 지점에서 힌트를 얻었다. 단순 업무를 떠넘길 수밖에 없는 상황이라면 리더가 할 수 있는 최소한의 예의는 바로 결과를 공유하는 것이다.

"○○○ 대리가 도와준 덕분에 일이 잘 마무리되었어요"라는 리더의 감사 메시지는 후배에게 조금이나마 보람과 의미를 느끼게 한다. 두세 시간씩 걸리는 단순 복사 업무라도 그 서류를 문서고에 잘 정리해두면 이후 감사와 같은 이슈가 있을 때 유용하게 쓰일 것이라고 정보를 주는 식이다. 후배 입장에서 단순히 "수고했어요"라고 피드백을 받는 것과는 분명히 다를 것이다. 그런데 그런 고마움조차 당연하다고 생각해서 표현하지 않는 리더가 참 많다.

이처럼 후배를 '진짜 성장'시키는 비결은 서로 의사소통 빈도를 높이면서 '처음부터 끝까지' 스스로의 생각과 고민을 담아 업무를 진행해보게 하는 것이다. 중간관리자의 세심한 업무 디자인과 코칭이 이어질 때 후배는 리더를 믿고 자신의 고민을 나누기 시작한다. 조직 전체적으로 실행력이 높아지는 것은 물론이다.

우리가 수없이 들었던 어느 벽돌공의 이야기를 생각해보자. 지나가는 사람이 세 명의 벽돌공에게 지금 뭘 하고 있는 거냐 물었을 때 첫째 벽돌공은 벽돌을 쌓고 있다고 답하고, 둘째 벽돌공은 학교를 짓고 있다고 답한다. 그리고 셋째 벽돌공은 이 나라의 미래를 짓고 있다고 답한다. 이 세 사람 중 일의 즐거움을 가장 크게 느끼는 이는 자신이 쌓는 벽돌로 만들어질 멋진 미래, 즉 더 큰 목적과 의미를 찾은 셋째 벽돌공이다.

후배들이 하찮은 일을 받아도 늘 셋째 벽돌공처럼 생각하기를 바라는 건 리더의 과욕이다. 훌륭한 중간관리자라면 작은 일에서도 의미와 보람을 느낄 수 있도록 업무를 직접 디자인해 맡겨야 한다. 동기부여에도 디테일이 필요하다.

꼭

삽질해서

배워야

할까?

고맥락 문화의
치명적 한계

"말하지 않아도 알아요."

익숙한 멜로디가 귓가에 맴돈다. 전 국민이 따라 불렀던
이 광고 음악에는 한국의 정 문화가 고스란히 담겨 있다.
말보다는 은근한 표현으로 진심을 전하는 것이다. 이는 회
사에서도 종종 목격된다. 차디찬 겨울 목감기로 고생하는
후배의 책상 위에 무심한 듯 유자청을 올려두는 선배의 마
음, 조금 부족한 기획안이어도 열심히 준비한 후배를 믿고
지지해주는 팀장님의 묵묵한 응원 등이 그렇다. 이렇게 생
각지도 못한 순간에 마주하게 되는 진심은 진한 감동을 준
다. 하지만 부작용도 있다.

눈치껏 잘해야 하는 고맥락 문화

"놔둬. 목마른 사슴이 우물 찾는 거야."
"다 그렇게 삽질하고 혼나면서 배우는 거다."

이 얼마나 조직에서 흔히 만날 수 있는 무책임한 말들
인가. 자신의 불친절함을 후배의 자연스러운 성장 과정으로
포장한 말들이다. 직장생활에서 '말하지 않아도 전해지는
것'은 결코 속 깊은 정을 나누는 것에만 머물지 않는다.

군이 길게 공들여 설명하지 않아도 무조건적인 센스와

눈치로 알아서 잘 따라오기를 바라는 '고맥락 문화'는 사원들을 당황시킨다. 고맥락 문화는 미국의 인류학자 에드워드 홀Edward T. Hall이 주장한 개념으로, 충분한 대화를 통해 자신의 생각을 전달하기보다 당시의 맥락과 상황을 판단해 상대의 마음을 미루어 짐작해야 하는 문화를 말한다.

말하지 않아도 눈치껏 잘해야 하는 고맥락 문화는 조직 전체의 관점에서도 상당한 비용을 소모하게 만든다. 구두 보고가 능숙하지 않은 실무자는 중간관리자와 최종 의사결정권자의 의중을 모른 채 갈피를 못 잡고 시간을 허비하며 헤매게 된다. 예를 들어 기획안을 작성할 경우 프로젝트의 최초 목적과 기획 의도를 반영해 콘셉트를 깊이 고민해야 하는데 번갯불에 콩 구워 먹듯 이 시간을 보내고 엉뚱한 방향을 잡아 바로 실행의 영역으로 돌입하는 것이다. 의사결정권자의 머릿속에는 숫자 1이 있는데 실무자는 영문자 I를 그리기 시작한다. 조직의 실행력을 높이려면 '최소 커뮤니케이션'을 피해야 한다.

고맥락 문화는 '지식의 저주'로부터 탄생한다. 지식의 저주란 다른 사람의 행동이나 반응을 예상할 때 자기가 알고 있는 것을 다른 사람도 알 거라고 착각하면서 생기는 인식의 왜곡cognitive bias을 뜻한다.

나는 현재 교육담당자로서 직원들에게 사내 교육을 기

획하고 안내하는 업무를 한다. 공지를 올리면서 가장 중요하게 생각하는 점은 안내 내용이 의도대로 오해 없이 전달되는지 따져보는 것이다. 내가 아는 것을 너도 알겠거니, 하면 항상 문제가 뒤따른다. 예를 들어 "특강 시간 7시"라고 공지하면 대부분은 평소 교육이 진행되던 일과 후 저녁 7시를 생각하지만 오전 7시냐고 조심스레 묻는 사람도 생긴다. 또 건물을 여러 개 사용하는 회사에서 "특강 장소 지하 1층 교육장"이라고 안내하면 어느 건물이냐는 질문이 뒤따른다.

후배와 업무를 진행할 때도 마찬가지다. "팀장님이 좋아하는 보고 스타일"이라든지 "가독성을 높여라"와 같은 요청은 리더의 느낌적인 느낌일 뿐이다. '소통'은 '막히지 않고 잘 통함', '뜻이 서로 통하여 오해가 없음'이란 의미를 담고 있지만 이런 추상적이고 모호한 표현은 생각의 거리를 멀어지게 만들고 실행 속도 또한 더디게 만든다. 진정한 소통을 가로막는 것이다.

센스 있게 일해주길 바란다면

'말하지 않아도 아는 것'에는 명백한 한계가 존재한다. 아무리 본인의 일이 바쁜 리더라 할지라도 조직원이 일을 시작하기 전에 최소한의 기대 수준과 방향에 대해서 충분히 이야기해야 한다. 후배가 헤매지 않고 빠른 실행력을 보여주길 바란다면 특히나 최소 커뮤니케이션은 경계해야 한다. 자신이 그리는 목적을 명확히 공유하고 기대하는 바를 끊임없이 이야기하지 않으면 뜻은 전달되지 않고 속도는 더뎌진다.

조직의 비전과 미션을 수립하고 변화를 이끌기 위해서는 리더가 똑같은 이야기를 직원들 앞에서 수십 번씩 반복하며 이를 몸소 실천해야 한다고 한다. 단 한 번의 엄숙한 선언으로 자신이 중요하다고 생각하는 가치에 대해 전 직원이 절절히 중요성을 느끼고 공감하며 즉시 실행하기를 바라는 건 너무 무리한 기대라는 것이다.

비즈니스 코칭에서는 AAR After Action Review이라는 기법을 자주 활용하는데, 팀원과 업무 관련 면담을 나눌 때 다음 네 가지 주제로 이야기를 나누라고 조언한다.

첫째, 해당 업무를 진행하면서 최초에 얻고자 한 것
둘째, 업무를 통해 실제로 얻은 것
셋째, 그 차이와 원인
넷째, 앞으로 해야 할 것과 하지 말아야 할 것

네 가지 주제 중 가장 중요한 것은 무엇일까? 바로 '최초에 얻고자 한 것'에 대한 이야기다. 팀원과 리더(또는 조직)가 원하는 끝 그림이 다르면 아무리 과정이 훌륭해도 결과에 만족하기 어렵다. 시작부터 대화를 아끼면 기대하는 결과를 얻는 일은 불가능에 가까워진다.

또한 목표에 대해서는 되도록 구체적인 예시를 들어 설명함으로써 상호 이해도를 높이는 것이 좋다. 가끔씩 비유적인 표현을 양념처럼 섞어 활용해도 좋다. "기획안의 가독성을 좀 더 높이자"라는 방향 제시는 다음과 같이 바꿔 말할 수 있다.

"다음 보고 때는 기획안을 배경과 취지, 아이디어, 실행 방안, 기대효과 순서로 일목요연하게 정리하면 좋겠어요. 아무리 좋은 아이디어와 실행 방안도 배경과 취지라는 튼튼한 뿌리가 없으면 열매를 맺기 어려워요. 그리고 폰트 크기는 체계적으로 일관되게 적용해야 문서의 가독성이 높아져요. 예를 들어 제목의 글자 폰트는 20, 본문 내용은 16과 같은 식으로 통일하면 어떨까요?"

스마트하게 일하는 회사에서는 최소 커뮤니케이션이라는 바이러스를 어떻게 예방할까? 그들은 일의 원칙을 뚜렷하게 세워 직원들과 공유하고 이를 제도와 환경으로 뿌리내리게 한다. 넷플릭스의 CEO 윌모트 리드 헤이스팅스 주니어Wilmot Reed Hastings, Jr.는 자유와 책임을 핵심 원칙으로 제시하며 다음과 같이 설명한다.

"책임감 있는 사람이 자유를 기반으로 성장하고, 자유를 누릴 자격이 있다. 자유는 완벽하지 않다. 따라서 일의 자유에도 몇 가지 제한이 있다. 첫째는 돌이킬 수 없는 재앙(고객의 신용정보 유출 등)은 예방하라는 것이고, 둘째는 도덕적, 윤리적, 법적 문제로 해를 끼치는 것은 용납되지 않는다는 것이다."

실제로 넷플릭스는 자유와 책임을 상징하는 다양한 제도를 갖추고 있다. 그들은 A급 노력에도 불구하고 B급 성과를 지속하면 존경과 감사를 담아 퇴직급여를 지급하고, 최소한의 노력으로 A급 성과를 유지하면 더 큰 책임과 높은 급여로 보상한다는 평가와 보상 원칙을 가지고 있다. 또한 휴가와 출장 경비를 재량껏 쓸 수 있도록 하는 파격적인 제도를 운영한다. 이런 제도를 큰 사고 없이 운영할 수 있는 비결은 무엇일까? 바로 "넷플릭스에 가장 이로운 방향으로 행동하라"와 같은 대원칙에 더해 "개인 돈으로도 갈 만한 출장을 가라", "얼마나 많은 시간 일했는지가 아니라 어떤 것을 해냈는지에 집중하라"와 같은 세부적인 판단 기준을 제시하기 때문이다.

내가 대리 시절 합류한 팀에는 팀 공통의 미션과 지향점에 대한 가이드, 업무 원칙(보고서 작성 시 반드시 포함해야 할 사항, 메일 제목 사용 원칙 등)이 명확하게 존재했다. 덕분에 입사 전 나는 이 파일들을 전달받고 함께 일하게 될 팀의 문화를 미리 이해할 수 있었다. 빠르게 적응한 것은 물론이다.

회사 안에서 흐르는 시간은 소유자에 따라 가치가 다르다고들 한다. 최소 억대 연봉을 받는 임원의 한 시간과 실무자의 한 시간은 그 가치가 천양지차라는 것이다. 하지만 조금만 비틀어 생각해보면 실무자가 허비하는 한 시간은 결국 임원의 값진 한 시간과도 긴밀하게 연결된다. 임원이 보고를 기다리는 시간, 피드백을 전달하는 시간으로 연결되기 때문이다. 결국 중간관리자는 실무자의 한 시간도 임원의 한 시간처럼 소중하게 여기고 실무자에게 자신이 생각하는 업무 방향과 가치를 명료하게 전달해야 한다. 말하지 않아도 알아서 잘하기를 기대하는 것이 아니라 적극적으로 커뮤니케이션할 때 조직 전체가 성장한다.

퇴사를
고민하는
후배에게

**아름다운
이별은 있다**

평생직장의 개념이 사라지고 워라밸을 부르짖는 90년대생이 회사에 등장하면서 중간관리자는 퇴사를 고민하는 후배와 자주 마주하게 되었다. 나는 워라밸의 개념도 없고 한 번 입사하면 그 직장에 뼈를 묻는 것이 당연하게 여겨지던 때에 신입사원 시절을 보냈다. 그럼에도 세 번이나 퇴사 의사를 밝히며 이직을 했고, 선배로서 후배의 퇴사 소식을 듣기도 했다. 그리고 그 과정에서 중요한 것을 배웠다. 퇴사를 앞두고 어떤 이야기를 주고받느냐에 따라 선후배 관계가 달라진다는 것이다. 평생 믿고 의지하는 둘도 없는 파트너 사이로 발전하기도 하고, 두 번 다시 보고 싶지 않은 원수지간이 되기도 한다.

리더 입장에서 끔찍이 아끼던 후배가 회사를 떠난다고 하면 당장은 서운하고 아쉬운 마음이 들 수밖에 없다. 특히 그 후배가 팀에서 일을 잘하는 핵심 멤버라면 그의 이탈로 팀의 분위기는 술렁일 것이고 남은 동료들의 업무 부담은 늘어날 것이다. 업무 공백에서 오는 상당한 불편을 감수해야 한다.

하지만 사람의 마음은 순간의 사탕발림으로 절대 얻을 수 없다. 어떻게든 붙잡고 싶은 마음이 앞서겠지만 선배로서 할 수 있는 최선의 방법은 있는 힘껏 진심을 보여주며 조직 내에서 커리어를 관리할 방법을 제시하는 것이다. 그럼에도 후배가 생각을 바꾸지 않는다면 훗날을 기약하며 멋지게 보내줘야 한다.

후배의 퇴사에 대처하는 잘못된 자세

1. 논리적으로 설득한다

2~3년 근무하며 경력을 쌓은 후배들이 이직을 준비하는 건 어찌 보면 자연스러운 현상이다. 이제는 직장에서 동료들과 이직 이야기를 허심탄회하게 나누는 것도 금기시되지 않는 다. 오히려 퇴사를 고민한다면 그 이유를 회사에 솔직하게 밝히고 회사 안에서 취할 수 있는 선택지를 넓혀가는 것이 더 똑똑하게 커리어를 개발하는 방법이라고도 생각한다.

만약 후배가 이직 의사를 밝혔다면 이미 더 나은 커리 어 또는 연봉에 대해 따져본 다음일 가능성이 크다. 후배를 진정으로 생각하는 선배라면 이직하려는 회사에 대해 사 업 포트폴리오가 불균형하다거나 매출액 대비 영업이익률 이 부실하다는 등 논리적으로 설득하는 방식은 되도록 피 해야 한다. 이직 의사를 밝힌 것만으로 어리석은 사람 취급 을 받는다면 그 순간부터 후배의 마음은 철옹성처럼 닫혀 버리고 '선배와 나의 관계는 결국 지금 직장에 한정된 것이었구나'라는 느낌을 받을 것이다. 심지어 직장을 떠났을 때 배신자가 되는 상황이라면? 두 사람은 조건부 관계였다는 반증이 될 것이다.

아끼는 후배를 위한 노파심에 날선 표현을 던지며 논리로 설득하는 것은 후배의 마음속 청개구리를 키울 뿐이다. 후배는 이미 이직할 회사에 대해 선배보다 훨씬 더 많은 정보를 가지고 있다. 수많은 정보를 바탕으로 단단하게 쌓아 올린 후배의 논리를 깨부수려는 시도 자체가 불쾌하게 느껴질 수 있다.

2. 감정에 호소한다

퇴사를 고민하는 사람은 퇴사를 마음먹기까지 인고의 시간을 보낸다. 스스로 수없이 질문하며 고민한 뒤 결정한다. 그런데 선배가 무턱대고 술자리를 만들어 친목도모를 하거나 멘토링을 하는 등 갑자기 경로를 한참 벗어난 돌발 이벤트를 만들면 당황할 수밖에 없다.

이는 문제의 핵심에서 한참 벗어난 리더들이 흔히 저지르는 실수 중 하나다. "끝날 때까지 끝난 게 아니다", "열 번 찍어 안 넘어가는 나무 없다"와 같은 말로 차일피일 결정을 미루며 자신의 의견을 관철시키려 하는 리더는 후배들이 가장 부담스러워하는 유형이다. 저돌적으로 접근하는 리더를 보며 후배는 '내 발로 걸어 나가는 것도 이렇게 어렵구나' 생각할 것이다.

퇴사를 막으려고 임시방편으로 급조한 회식이나 멘토링 자리에서는 대개 정말 퇴사가 하고 싶은 건지, 어디로 갈 건지, 계획은 무엇인지와 같은 해결책 없는 가십거리 수준의 대화를 수없이 반복해야 하기에 괴로울 수밖에 없다. 물론 후배의 퇴사 의사를 외면한 채 '아무 일 없이 다시 일할 사이'처럼 태연하게 시간을 보내는 것도 후배의 마음속에 천불이 나게 한다.

퇴사하겠다는 후배의 마음을 돌릴 단 몇 퍼센트의 가능성이라도 남겨두고 싶다면 자꾸 후배를 난처하게 하는 상황 자체를 만들지 않는 것이 중요하다. 퇴사 이유를 논리적으로 비난하는 것도 문제지만 너무 감정적으로 호소하는 것도 독이 된다. 억지로 술자리를 마련해 퇴사를 번복시킨다 해도 그렇게 꺼진 퇴사 욕구는 어차피 금세 살아난다. 문제의 근본 원인이 해결되지 않았기 때문이다.

후배의 퇴사에 대처하는 효과적 자세

후배의 속 깊은 고민을 듣고 싶다면 먼저 후배의 입장에서 공감해주자. 그리고 후배가 현재 조직에서 만족하지 못하는 것은 무엇인지, 어떤 기대를 갖고 있었는지 들어보자. 고민을 듣다 보면 의외로 리더와의 갈등, 업무 자신감 하락, 매너리즘, 커리어 불균형 등 중간관리자로서 후배의 성장을 위해 함께 고민하고 도와줄 수 있는 영역의 문제도 많이 발견된다.

이 단계에서 중요한 것은 강요보다는 의사결정의 기준을 좀 더 폭넓게 해주는 것이다. "원래 그때가 제일 힘든 법이에요. 조금만 참고 기다리면 되는데 그걸 못 참고…"와 같이 답이 정해진 이야기를 하기보다는 "나도 같은 고민을 했는데 그때 이런 생각도 했어요" 하는 식으로 후배가 미처 고려하지 못한 관점을 던지는 것이 더 효과적이다.

예를 들어 직무 영역 확장을 위해 이직을 고민하는 후배에게 "나도 그맘때 비슷한 고민을 했어요. 1~2년 더 전문성을 기른 뒤에 이직하는 옵션도 고려해보는 건 어때요? 알다시피 같은 직무여도 직장에 따라 담당 업무가 달라지는데 지금 ○○○ 대리가 진행하는 업무는 타 기업에서는 경험하기가 쉽지 않아요. ○○○ 대리가 원하는 그 업무 분야는 경력을 더 쌓아서 시장가치를 올리고 나면 쉽게 경험할 수 있는 일일지도 몰라요"와 같이 생각의 폭을 넓혀줄 수도 있다.

또한 회사 측에서 제시할 수 있는 해결책이 있다면 재빠르게 방법을 모색하는 것이 좋다. 떠나지 말라고 백 번 말하는 것보다 하나의 명확한 솔루션을 제시할 때 진심이 전달된다. 직무 변경을 희망하는 후배에게는 부서 이동을 권할 수 있고, 주 담당 업무에 불만이 쌓인 후배라면 업무 분장을 새로 할 수도 있다. 역할 확장을 원하는 후배라면 당장은 어렵더라도 내년 또는 내후년을 목표로 작은 프로젝트 매니저 자리부터 새로운 경험을 쌓아나가도록 조정할 수도 있다. 이처럼 중간관리자가 나서서 후배의 커리어를 함께 설계해주면 극적으로 마음을 다시 돌리기도 한다.

파타고니아의 퇴사 인터뷰

후배를 아끼는 선배로서 후배의 입장에 공감하고 이런저런 대안을 제시하며 고민의 범위를 넓혀줘도 후배의 마음이 너무 확고해 변하지 않는 경우가 있다. 아쉽지만 이때는 후배의 성공을 응원하며 과감히 놓아줘야 한다. 그리고 아름다운 이별을 준비하는 편이 낫다.

직장을 떠나는 후배와의 아름다운 이별은 무엇일까? 바로 그동안 수고해준 것에 고마움을 표하고 조직의 발전을 위해서 그의 의견을 충분히 수용하는 것이다. 4퍼센트밖에 안 되는 낮은 이직률로 유명한 아웃도어 브랜드 파타고니아의 퇴사 인터뷰를 참고해보자. 그들은 퇴사자에게 "왜 퇴사하려고 하는가"를 묻지 않고 "왜 파타고니아에 입사했는가"를 묻는다. 그리고 다음과 같은 질문을 던진다.

"회사가 당신에게 약속하는 것처럼 보였던 것은 무엇인가요?"
"어느 지점에서 기대를 충족했고, 또 충족하지 못했나요?"
"당신이 바란 것과 경험한 것의 차이를 극복하려면 무엇을 바꿔야 할까요?"
"여기서 누가 당신의 멘토가 되어주었나요?"
"당신의 후임자에게 어떤 조언을 해주겠습니까?"

이 퇴사 인터뷰의 장점은 인터뷰 과정에서 누구의 잘못도 따지지 않는다는 것이다. 심지어 이들은 평소에도 함께 일하는 직원들과 자유롭게 이런 이야기를 나눈다고 한다.

예전에 함께 일하게 된 경력직 입사자 앞으로 꽃 선물이 온 적이 있다. 팀원들은 입사한 지 얼마 되지 않은 새 팀원의 책상 위에 놓인 꽃바구니를 보고 애인이 생겼냐며 호들

갑을 떨었다. 그는 머쓱해하며 전 직장 동료들이 보낸 선물이라고 답했다. 팀원들은 그의 평소 행실과 품행을 미루어 짐작할 수 있는 계기였다며 두고두고 이 일을 입에 올렸다. 몇 번의 면접으로도 검증하기 어려운 그만의 탁월한 레퍼런스를 보여준 셈이다. 심지어 그에게 꽃을 보낸 전 직장 동료들과 그 회사까지 달리 보였다.

아름다운 이별에는 그동안 함께한 시간에 대한 감사, 떠나는 사람의 의견까지 소중히 듣는 경청, 앞으로 잘되기를 바라는 진심을 담은 응원이 항상 함께한다. 아이러니하게도 감사, 경청, 응원은 함께 일하는 동료에게 가장 표현하기 부끄러워하고 어색해하는 것들이기도 하다.

대개 우리는 회사에서 서로의 잘못을 지적하기 바쁘다. 자신의 주장을 관철시키기 위해 상대방의 의견을 듣지 않고, 응원하기보다는 더 잘하라며 채찍질을 하곤 한다. 진정으로 아끼는 후배라면 그가 퇴사와 이직을 말하기 전에, 평소에 충분히 감사를 표현하고 경청하고 응원하자. 팀 업무를 떠나 진정한 파트너로서 성공의 길을 함께 고민하고 서로를 응원하자. 우리는 회사에서 선후배의 인연으로 만났지만 일상을 함께하는 소중한 친구이기도 하다. 진정한 우정에 나이, 직급은 무관하다.

선배님,
제가
잘할게요

낮은
고과를
받는
중간관리자의
열 가지
유형

① 상사의 의중을 전혀 파악하지 못하는 깜깜이형

② 오로지 자신의 업무 영역만 챙기는 여전히실무자형

③ 좋은 정보를 혼자서 독점하는 욕심꾸러기형

④ 남 좋은 일만 하다가 에너지를 소진하는 호구형

⑤ 여전히 상사와의 관계가 어렵기만 한 얼음형

⑥ 뿌린 대로 거두지 못하는 흉작형

⑦ 큰 그림보다 세부적인 일만 파고드는 미세미세나노형

⑧ 함께 일하기보다 혼자만 일하는 독고다이형

⑨ 매사에 불만이 많고 후배들 앞에서 상사를 험담하는 투덜이형

⑩ 자신이 하던 일만 하던 방식대로 진행하는 일편단심민들레형

행간을
읽고
그림을
그리는
자리

**상사의 뇌 구조를
파악하는 법**

대리 2년 차 즈음 임원을 모시고 회사의 미래 먹거리가 달린 개발 프로젝트에 참여할 기회가 있었다. 중요한 프로젝트인 만큼 어느 때보다 큰 관심이 집중되었고, 기획 보고는 매주 촘촘하게 이뤄졌다. 회의 시간에 날아오는 피드백들은 관심의 깊이만큼이나 날카로웠다. 간혹 보고의 방향이 최종 의사결정권자의 뜻과 너무 다를 때면 프로젝트는 원점으로 돌아가야만 했다.

매주 찾아오던 교리 해석의 시간

우리 팀에는 정기 보고 뒤에 항상 따라붙던 '교리 해석의 시간'이 있었다. 종교 단체도 아닌 회사에서 교리 해석이라니? 이 시간의 목적은 회의 때 나온 수많은 말의 행간을 읽고 상사의 숨은 의도를 파악하는 것이었다. 이 단계 없이 각자의 해석대로 각개전투를 하면 이른바 '바다를 끓이는 것처럼' 비효율적이고 막막한 과정이 뒤따랐기에 한정된 시간을 효율적으로 활용하려면 이 단계가 반드시 필요했다.

따로 회의를 하지 말고 보고할 때 직접 물어볼 수 있지 않느냐고 반문할 수도 있지만, 기획서의 부족한 점을 지적받는 상황에서 "그래서 구체적으로 뭘 원하시는데요?"와 같이 당돌하게 정답을 물어볼 수는 없는 노릇이었다. 회의 때 나온 상사의 말을 해석해 구체적으로 그림을 그리는 것은 중간관리자와 실무자들의 몫이었다.

회사에서 인정받던 파트장 선배는 교리 해석의 시간마다 기가 막히게 행간을 읽어냈다. 평소에도 상사의 의식의 흐름과 속내를 정확하게 읽어내 "파트장님, 혹시 신내림 받으셨어요?"라는 우스갯소리가 오갈 정도였다. 리더의 성향과 현재 조직의 상황, 그의 감정까지 종합적으로 분석해 기가 막힌 논리로 그의 의중을 하나씩 캐낼 때마다 감탄사가 절로 나왔다. 선배가 추론해낸 리더의 생각은 대부분 구체적이었고 팀원들이 그 자리에서 바로 납득할 만큼 설득력이 있었다.

"이번 보고에서는 전반적인 기획 방향에는 공감하셨지만 이 지점에서 디테일에 대한 갈증이 있으셨던 것 같아요. 먼저 이 부분을 더욱 구체화해서 별도 보고를 한번 드리고 이어서 주간 보고를 준비합시다."

"아이디어에는 동의하지만 실행 계획이 구체적이지 않다고 느끼신 모양이에요. 다음 회의에서는 실행 방안 위주로 기대효과를 시각화해서 보고하는 게 어떨까요?"

팀원들은 매번 행간을 읽어내는 선배에게 크게 의지했고, 선배의 분석 결과는 이정표가 되어 전반적인 업무 실행

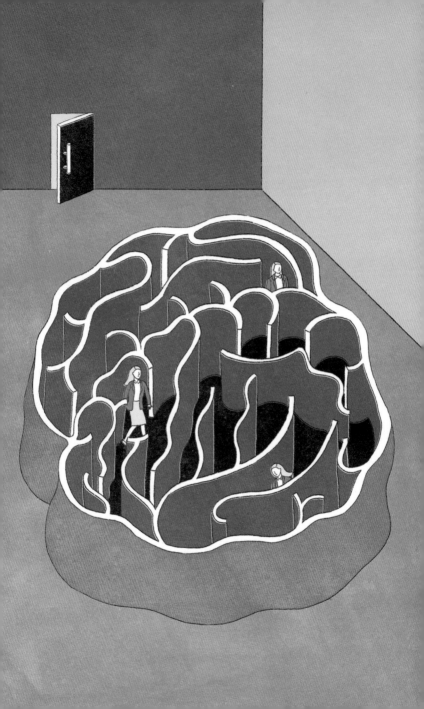

력을 높여줬다. 상사의 의중을 읽고 업무 방향을 설정하는 것은 선배의 핵심 능력이었고, 그가 조직에서 컨트롤 타워 역할을 할 수 있는 이유였다.

훌륭한 보고에 빠지지 않는 네 가지 질문

회사생활을 하면서 보니 상사가 묻는 질문, 불만사항은 몇 가지 범주를 크게 벗어나지 않는다. 그들은 주로 보고를 받을 때, 회의를 할 때 다음의 네 가지 키워드를 머릿속으로 떠올린다. 앞서 소개한 그 파트장 선배도 아마 머릿속에 이 네 가지 핵심 질문을 떠올리며 프로젝트 개발 과정을 정교하고 계획적으로 그렸을 것이다.

WHY 그게 우리랑 어떤 관련성이 있나요?
　　　왜 해야 하나요? 어떤 의미가 있나요?

WHAT 그래서 그게 구체적으로 뭔가요?
　　　어떻게 논리적으로 정리할 건가요?
　　　근거 자료는 있나요?

HOW 그래서 어떻게 적용할 건가요? 결론이 뭔가요?
　　　성과를 낼 수 있나요? 일단 부딪쳐보면 어때요?

IF　　이렇게 해보면 어떨까요? 이거 재밌을 것 같지 않아요? 좀 더 색다른 거 없을까요?

훌륭한 보고와 기획안은 이 네 가지 질문에 대한 해답을 모두 담고 있다. 구체적인 맥락과 배경 없이 맹목적으로 글로벌 기업의 선진 사례를 벤치마킹하자며 기획서를 들이밀었다간 "그게 우리 회사에 왜 필요한 건가요?"라는 질문에 말문이 턱 막힐지 모른다. 이때 글로벌 기업과 자사의 유사성, 우리 직원들의 특성, 자사의 현안 등과 연결 지어 도입 배경을 충분히 설명한다면 상사의 승인을 받아내기가 훨씬 수월할 것이다. 물론 배경과 취지에는 공감하지만 실행할 수 있는 구체적인 방법이 없다면 그 기획안 역시 통과되기 어렵다.

상사가 던질 다양한 질문을 입체적으로 고려할 줄 아는 중간관리자는 후배들이 믿고 따르는 리더로 자리매김하는 동시에 상사의 신임을 얻는 리더가 된다. 지도와 나침반을 들고 행군하는 팀은 그 과정이 힘들더라도 목적지를 바라보며 버틸 수 있다. 상사의 사고 흐름과 방향을 읽어 맞춤형 전술을 펼치는 기술은 노력을 성과로 변환해내는 업무의 연금술이다.

업무를 수행하는 과정은 학습의 과정과도 같다. 시장조사를 시작하는 것, 경쟁사의 주요 이슈를 파악하고 이에 대응하는 전략을 세우는 것, 소비자 관점에서 필요한 니즈를 찾는 것 모두 새로운 정보를 습득하고 이를 충분히 내 것으로 소화해 어떻게 대응할지 적절한 방법을 찾아가는 순서로 진행된다. 학습 유형에 따라 업무에 접근하는 방식과 고민의 영역이 다를 수밖에 없다. 그렇기에 누군가의 학습 유형을 알면 업무 접근 방식과 의사결정 스타일까지 추론해 볼 수 있다.

앞서 살펴본 네 가지 핵심 질문은 뇌과학 기반의 사고 유형 진단 4MAT4 Master of Arts in Teaching에서 말하는 네 가지 학습 유형과 이를 대표하는 질문들이다. 4MAT은 교육학의 거장이자 뇌과학 전문가인 버니스 매카시Bernice McCarthy 박사가 개발한 진단법으로, 사람들마다 학습 방법이 어떻게 다른지 분석하고 그 차이를 인정하며 다양성을 존중하는 데 활용되고 있다.

1. WHY 유형

WHY 유형은 경험을 통해 정보 습득하는 것을 선호하고

4MAT의 네 가지 학습 유형

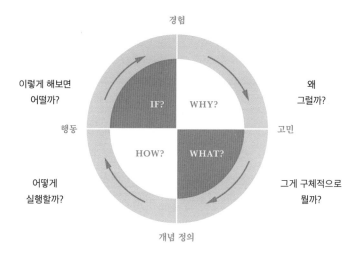

경험

이렇게 해보면
어떨까?

IF?   WHY?

왜
그럴까?

행동

HOW?   WHAT?

고민

어떻게
실행할까?

그게 구체적으로
뭘까?

개념 정의

충분히 고민한 뒤 행동으로 옮기는 사람들이다. 이들은 회사원의 길을 택하지 않았다면 시인이 되었을지도 모른다. 무엇이든 본질적인 문제를 먼저 고민하기 때문이다. 이 유형의 리더는 팀원이 새로운 아이디어를 가지고 왔을 때 그 일을 시행하는 근본적인 목적과 배경에 가장 큰 관심을 둔다.

만약 자신의 상사가 이 유형이라면 평소 그가 보여주는 행동과 의사결정 내용을 보며 어떤 가치를 추구하는지 이해해야 한다. "교육보다 현장 경험이 우선이다"라는 지론을 갖고 있는 리더에게 장기간의 교육을 진행하겠다고 보고하려면 기존보다 훨씬 더 철저하게 배경과 당위성을 갖추는데 집중해야 할 것이다. "왜?"라는 질문을 자주 던지는 리더와 일할 때는 빠른 실행과 결과보다 공감대 형성을 통한 방향 설정이 무엇보다 중요하다. 이 단계가 잘 이뤄진다면 나머지 일은 일사천리로 진행된다.

2. WHAT 유형

WHAT 유형은 개념을 통해 정보 습득하는 것을 선호하고 충분히 고민한 뒤 행동하며 배우는 사람들이다. 보통 이들의 별명은 '빨간펜 선생님', '학자'인 경우가 많다. 그렇기에 업무를 보고받거나 새로운 일을 진행할 때 "그래서 그게 구체적으로 뭔가요?", "근거는 뭐죠?"라는 질문을 던져 더 자세한 내용을 파악하거나 논리적으로 앞뒤가 맞는지 확인해보려고 한다.

이들과 함께 호흡을 맞추려면 누구보다 꼼꼼하게 준비하고 끊임없이 학습해야만 한다. 교토삼굴狡兎三窟이라는 사자성어를 기억하자. 꾀 많은 토끼는 위험에 대비해 굴을 3개 파놓는다.

나는 임원 워크숍을 준비하면서 WHAT 유형의 상사와 일했는데, 그때 그를 만족시킨 방법은 '철두철미한 준비'였다. 혹시 있을지 모를 뜻밖의 상황에 대비해 후배에게 대안을 여러 개 준비시켰고, 임원들의 동선, 숙소, 세면도구까지 꼼꼼하게 살피고 세세하게 보고했다. 자연히 상사의 잔소리가 줄었고, 업무를 부드럽게 진행할 수 있었다.

3. HOW 유형

HOW 유형은 정리된 정보를 효율적으로 습득하는 것을 선호하고 빠르게 행동함으로써 부딪히며 배우려고 한다. 이들은 '불도저' 같은 스타일로, "어떻게?"라는 질문을 주로 던진다. 그들은 문제 상황이나 아이디어 앞에서 실효성이 있는 것인지, 그렇다면 어떻게 적용하고 효과를 낼지에 관한 실질적인 방법들을 제일 먼저 따져본다.

HOW 유형의 리더와 일할 때는 압박감을 느끼기 쉽다.

그들은 항상 눈앞에 결과를 보여주길 원하고 일이 어디까지 진행되었는지, 기한에 맞춰 완료할 수 있는지 궁금해하기 때문이다. 중간관리자로서 이 유형의 상사와 일한다면 함께 일하는 후배에게는 중간보고의 빈도를 높이라고 조언해줄 수 있다. 그리고 자신은 연간 사업계획을 바탕으로 상사가 고민할 만한 지점을 미리 짚어 이에 대한 아이디어를 먼저 제시할 수 있다. 예를 들어 상반기 전사 워크숍이 6월로 예정되어 있다면 연초에 이 워크숍의 기획 방향과 콘셉트를 논의하자고 선수를 치는 것이다. 실행력을 높이고 일을 가시화하는 작업은 HOW 유형의 상사에게 큰 만족감을 주며 그들이 중간관리자를 신뢰하도록 만든다. 즉 일이 잘 진행되고 있다고 느끼게 하는 것이 중요하다.

4. IF 유형

IF 유형은 새로운 경험을 통해 정보 파악하는 것을 선호하고 실제로 실행하고 부딪히며 배우려 한다. 이들은 항상 밝고 즐거움을 추구하며 여러 분야에 대한 호기심이 넘친다. 함께 일하는 팀원들에게 수시로 "이렇게 해보면 어떨까요?", "새로운 거 없을까요?"라는 질문을 던진다.

잡무로 허덕이는 실무자에게 이 유형의 리더는 버겁게 느껴질 수 있다. 자꾸 새로운 시도를 해보자고 일만 벌이는 느낌이 강하게 들기 때문이다. 하지만 이 유형의 리더와 시너지를 발휘해 성과를 내기 시작하면 일에 흥미를 느끼고 즐거움을 얻을 수 있다. 새로운 도전을 통해 성장하겠다고 마음먹으면 이 유형의 리더와 즐겁게 일할 수 있다.

동시에 그들이 잘 보지 못하는 디테일을 챙겨준다면 금상첨화다. 사실 새로운 일을 잘 벌인다는 것은 반대로 말하면 끝마무리를 못 한다는 뜻이다. 이런 유형의 리더일수록 중간관리자와 실무자는 그의 빈틈을 만회해줄 꼼꼼함을 발휘해 팀 전체의 업무 질을 높여야 한다.

시너지는 서로 존중할 때 나온다

"최고경영층이 경영을 하려면 주위에 적어도 네 가지 유형의 사람이 필요하다. 이는 생각형, 행동형, 관계중심형, 선구자형으로, 이 네 가지 기질은 절대 한 사람 안에서 발견되지 않는다."

경영학의 아버지라 불리는 피터 드러커Peter F. Drucker가 남긴 이 말처럼 회사에서는 각기 다른 관점을 가진 개성 강한 사람들이 협력해서 성과를 내야 하기 때문에 서로의 학습 유형을 이해하고 존중해야 한다. 구글코리아의 조용민 매니저는 한 강연에서 이런 말을 남겼다.

"〈어벤져스〉에서 헐크가 여덟 명이라면 지구를 구할 수 있었을까요?"

서로의 관점과 업무 스타일을 이해하며 다양성을 존중할 때 우리는 각자의 강점을 활용해 시너지를 발휘할 수 있다. 이는 상사뿐만 아니라 후배와 함께 시너지를 내기 위해서도 갖춰야 할 중간관리자의 필수 덕목이다.

조직의
문제 해결사가
되어야
하니까

디자인 씽킹으로
해답 찾기

회사생활은 문제 해결의 연속이다. 문제를 해결하기 위해 만든 기획안조차 내부 이해관계자들과 복잡하게 얽히고설킨 문제를 해결해야 비로소 통과된다. 갈등을 야기하는 경직된 조직 문화는 또 어떠한가. 상사는 예전처럼 알아서 잘해주기만을 바라고 후배들은 꼰대 같은 직장 상사에게 점점 더 마음의 문을 닫는 상황에서 중간관리자는 함께 일하는 방식의 문제점을 찾고 개선해야 한다.

물론 상사가 일하는 방식을 개선하는 것에 관심이 높아 알아서 잘해준다면 금상첨화겠으나 중간관리자도 나름대로 리더 자리에 있으니 그 책임에서 자유로울 수만은 없다. 인정받는 중간관리자로 자리매김하려면 회사에서 발생하는 다양한 문제를 해결할 수 있는 해결사가 되어야 한다.

"실리콘밸리에 가지 않아도, 똑똑하지 않아도 혁신을 할 수 있다. 당신이 하는 일 또는 주위에서 '고통'을 찾아라. 멀리서 찾지 마라."

넷플릭스 공동 창업자 마크 랜돌프Marc Randolph의 말이다. 전 세계 비즈니스 무대에서 혁신을 거듭하는 유니콘 기업의 CEO들이 공통적으로 말하는 비즈니스 문제 해결의 실체는 '고객 관점으로 문제를 찾고 해결하는 것'이다. 이는 사용자 관점으로 그들이 겪는 불편함에 공감하고 이에 대한 해결책을 모색해 빠르게 테스트해봄으로써 적절한 대안을 찾아나가는 것인데, 이런 과정을 묶어 디자인 씽킹design thinking이라고 한다.

처세술보다 강력한 디자인 씽킹의 5단계

1단계, 공감하기

2단계, 문제 정의하기

3단계, 아이디어 제시하기

4단계, 시제품 만들기

5단계, 테스트하기

이종교합은 종종 훌륭한 결과물을 탄생시킨다. 나는 중간관리자의 성공적인 역할 수행을 위해 진정 필요한 것은 처세술이 아니라 고객 중심의 문제 해결 방법론인 디자인 씽킹 프로세스를 업무와 관계 전반에 대입하는 것이라고 생각한다. 회사에서 발생하는 수많은 문제를 풀어낼 능력이 있느냐, 없느냐가 성과와 조직 내 리더십을 좌우하기 때문이다. 상사에게 신임을 받고 좋은 업무 기회와 역할을 차지하는 선배들은 대개 그들의 해결사였다.

총무팀에 두 명의 과장이 있다. 연말 부서 예산이 소진

되지 못한 채 남아 있을 때 과장 A는 별생각 없이 평소 하던 대로 본인의 업무만을 진행한다. 그런데 과장 B는 조금 다르게 접근한다. 그는 평소 안테나를 세우고 팀 전체의 문제에 신경을 집중하기에 부장이 이야기를 꺼내기도 전에 잔여 예산 소진에 대한 이슈를 문제 해결의 목표로 인식한다. 과장 B는 곧장 잔여 예산 규모를 확인한 뒤 적절한 사용처를 찾고, 구두로 예산 소진 방안에 대한 아이디어들을 개진한다. 이야기를 들은 부장은 흡족한 미소를 지으며 기획안을 작성해서 올려보라고 말한다.

이 일은 과연 사서 하는 고생일까? 연초 성과평가를 앞두고 오히려 과장 B는 어필할 수 있는 포인트를 추가로 적립했다. 어차피 매년 업무 패턴을 볼 때 연말 예산 소진은 정기적으로 발생하는 이슈고, 과장급 중 한 명은 이 일을 맡아야만 했다. 과장 B는 부장이 시켜서 해야 할 일에 미리 의견을 내놓고 해결책을 제시함으로써 업무를 주도적으로 끌고 나갔다. 이런 업무 패턴이 반복되면 조직 내 존재감은 자연스레 높아진다.

답답한 속을 뻥 뚫어주던 사이다 같은 선배가 있었다. 그 역시 조직의 문제 해결사였다. 선배는 휴가를 내고 싶은데 팀장님 눈치를 보느라 끙끙대던 나를 대신해 업무를 재분담하고 내가 마음 놓고 휴가를 다녀오게 해줬다. 그 후나는 선배 앞에서 더 보란 듯이 열심히 일했다.

중간관리자의 관점에서 고객은 상사, 회사, 팀원 그리고 유관부서까지 조직의 목표를 달성하기 위해 필요한 여러 이해관계자로 볼 수 있다. 그중 허리 역할을 하는 중간관리자에게 가장 중요한 고객은 바로 직속 상사, 그리고 함께 일하는 후배들이다. 디자인 씽킹 프로세스를 끊임없이 업무 사이클에 적용하는 중간관리자를 떠올려 보자. 상사에게 그는 고민을 함께 해결해줄 든든한 후배가 될 것이고, 후배들에게는 성장과 성취를 가로막는 잘못된 조직 문화를 변화시켜서 함께 일하고 싶은 조직으로 바꿔줄 리더가 될 것이다.

프로세스 성공의 핵심은 반복과 개선이다. 조직에서 발생하는 문제들에 늘 관심을 갖고 자신만의 원칙과 프로세스를 통해 해결하다 보면 조직 내 신뢰가 쌓이고 자연스레 리더십도 생겨난다.

비효율적인 회의 문화를 해결하는 6단계

같은 공간, 다른 생각으로 고통을 겪는 동상이몽 회의를 예로 들어 보자. 회사에서 상사와 팀원들의 온도 차이가 가장 큰 업무는 회의라는 이야기를 많이 듣는다. 회의 시간을 줄이기 위한 생산적인 회의법이 넘쳐나지만 막상 현실과는 괴리가 크다. 중간관리자로서 이 답답한 문제 상황을 바라만 보고 있을 것인가? 유능한 중간관리자는 양쪽의 고통에 공감하고 조직을 개선해나간다.

1단계, 회의 참여자의 고통에 공감하기

상사의 고통은 무엇일까?

- 회의 시간에 항상 말하는 사람만 말한다는 불만
- 회의 시간에 꿀 먹은 답답이가 된 사원들
- 자신의 업무 외에도 팀의 일이라면 적극적으로 주인의식을 갖고 참여해주길 바람

후배들의 고통은 무엇일까?

- 아이디어를 내자마자 반론부터 제기하는 상사
- 예고 없이 갑자기 진행하는 아이디어 회의 시간
- 듣고만 나와야 하는 회의
- 답이 정해진 회의
- 필요 이상으로 긴 회의

- 비효율적인 회의 문제를 뻔히 알면서도 손쓸 수 없는 현실
- 어느 순간 비효율적 회의조차 익숙해져버린 무기력

2단계, 문제 정의하기

고객들의 고통을 떠올리자 문제가 명료하게 정리된다. 바로 '회의의 생산성을 높이는 일'이다. 모두의 시간이 죽고 있다. 중간관리자에게 회의 시간 효율화는 팀 전체의 생산성을 높이기 위한 미션이 된다.

3단계, 아이디어 제시하기

최종 의사결정권자만 참여하는 회의와 모두가 참여하는 아이디어 회의를 구분한다든지, 아이디어 회의의 경우 주제를 사전 공지한다든지 등의 해결책이 있다. 회의 시간에 절대 부정적인 언어를 사용하지 않고 "좋아. 그리고"라는 표현을 쓰기로 약속하는 방법도 있다. '위반하면 커피 쏘기'와 같은 재미있는 룰을 정해도 좋다.

4단계, 시제품 만들기

미리 떠올린 몇 가지 아이디어를 조합해 회의 생산성 향상

방안을 상사에게 건의해본다. 괜히 나섰다가 본전도 못 뽑는다는 생각을 하지 말고, 전략적으로 건의해보자. 이때 중요한 포인트 중 하나는 팀 전체의 발전과 상사에게 도움이 되는 솔루션으로 포장하는 것이다. "모두가 느끼는 문제인데요", "솔직하게 말씀드리면"과 같은 대화 방식은 오히려 역효과를 불러일으킬 수 있다. 좋은 아이디어도 말끔하게 포장해서 전달해야 빛을 보는 법이다. 유능한 중간관리자는 높은 목표를 제시한다. "팀의 전반적인 업무 속도 향상을 위해", "팀 차원의 실행력을 높이고 성과를 내고자"와 같이 상사의 입장에서 거부할 수 없는 목표를 밝힌 뒤 구체적인 개선 방안을 제시한다.

5단계, 테스트하기

후배들은 갑작스레 변한 회의 분위기를 보고 바로 "우리 부장님이 달라졌어요" 하며 반색할 수도 있지만 리더십에서 가장 중요한 것은 일관성과 지속성이다. 꾸준히 변화된 방식을 시도하면서 팀원들의 반응과 상사의 반응을 살피자.

6단계, 아이디어 보완하기

중간관리자는 맡은 업무뿐만 아니라 조직 차원의 이슈에도 관심을 가져야 한다. 조직에서는 리더의 역할을 수행할 만한 능력을 인정해 그를 승진시킨 것이기 때문이다. 팀 차원의 목표와 변화에 무관심한 중간관리자는 "여전히 대리시절을 벗어나지 못했다"라는 피드백을 종종 받는다. 과장급으로의 승진은 곧 '이만한 문제는 직접 나서서 해결해주기를 바란다'라는 조직의 메시지다. 리더십, 그리고 일하는 방법을 개선하고 싶다면 조직의 해결사로 자리매김하자. 물론 준비된 프로세스와 함께 말이다.

정보를
진짜
무기로
쓰려면

독점 vs 공유

상사의 총애를 받는 한 중간관리자가 있다. 그는 업무를 하는 중에 회의실로 불려가 상사와 긴밀히 이야기를 나누고는 다시 자리로 돌아오곤 한다. 회의실에 다녀온 뒤 대개 그의 입에서는 온갖 정보가 줄줄이 흘러나온다. 조직 개편 소식, 옆 부서에 새로 올 리더에 관한 정보, 사업계획 조정과 같은 고급 정보부터 워크숍 일정, 주간 업무보고 방식의 변경과 같은 소소한 일들까지 말이다.

이와 같은 커뮤니케이션 방식은 상사가 정보를 권력의 수단으로 이용해 자신이 총애하는 직원에게만 공개함으로써 힘을 실어주는 폐쇄적인 정보 활용 방법 중 하나다. 이럴 경우 중간관리자가 상사의 앵무새쯤으로 보일 수도 있지만, 실무자 입장에서는 깜깜이로 일할 수도 없는 노릇이라 중간관리자가 전하는 반 박자 빠른 정보들에 더욱 의지하게 된다.

멋진 아이디어를 담은 기획안이어도 조직의 사정과 상사의 관점을 종합해 맥락을 담아내지 못하면 사라지고 만다. 이처럼 조직에서 소유하는 정보의 양은 곧 업무를 수월하게 진행할 힘이 된다.

불안과 오해를 부르는 밀담

피라미드 형태의 위계적 조직에서는 이런 의사소통 방식이 당연한 일처럼 여겨질지도 모른다. 하지만 위와 같은 소통 방식을 구사하는 상사와 함께 일하는 중간관리자는 오히려 난처함을 느끼는 동시에 팀원들의 불안감을 전달받게 된다.

수평적인 문화를 지향하는 조직임에도 여전히 과거의 방식을 고수하는 상사가 많다. 무슨 정보든 중간관리자를 통해서 흘러가게끔 하고, 회의를 앞두고는 중간관리자와 꼬박꼬박 먼저 논의를 한다. 이럴 경우 중간관리자는 자신에게 힘을 실어주려는 상사의 마음에 고마움을 느낄 수도 있다. 그러나 조직의 리더가 정보를 독점할 때 팀원들 사이에는 자신들 모르게 뭔가 일이 진행되고 있다는 불안감에 오해가 싹트기 시작한다.

수학자이자 커뮤니케이션 이론가인 클로드 섀넌Claude E. Shannon과 워런 위버Warren Weaver의 커뮤니케이션 모형에 따르면 정보는 전달되면서 필연적으로 변형이 일어난다. 정보를 이해하는 인코딩과 해석하는 디코딩의 과정을 거치며 최초의 정보가 누락되기도 하고 전혀 다른 내용으로 바뀌기도 하는 것이다. 〈가족오락관〉의 '방과 방 사이' 게임을 기억하는가? "낮말은 새가 듣고 밤말은 쥐가 듣는다"라는 속

담은 몇 개의 방을 거쳐 옮겨지면서 "남 말은 지가 듣고 반 말은 내가 듣는다"와 같이 전혀 다른 문장으로 바뀌어버린다. 이처럼 리더가 직접 전달할 수 있는 메시지를 군이 여러 사람을 거쳐 전달하다 보면 의도치 않은 오해가 생긴다. 정보가 독이 되지 않으려면 가급적 정보의 유통단계를 줄여야 한다.

한 치 앞도 내다보기 어려울 때 조직은 경직된다. 이런 불투명성은 필연적으로 조직 내 소통을 가로막고 상호 신뢰를 떨어뜨린다. 만약 성과평가를 앞두고 중간관리자와 그의 상사가 한참 동안 단둘이 회의실에서 이야기를 나눈다면 팀원들의 머릿속에 어떤 생각이 떠오르겠는가. 자신의 성과 등급을 논하는 건 아닌지, 작년의 성과와 비교하고 있지는 않은지, 혹시 자신의 험담을 하는 것은 아닌지 두려움이 생길 수 있다. 이런 불필요한 오해와 억측을 일으키는 행위가 업무 비효율의 시작이다.

정보를 독점하며 생기는 여러 부작용을 몸소 체험했다면 상사에게 다음과 같이 제안하는 게 좋다. 어차피 팀 전체에게 전달해야 할 정보라면 팀원을 모두 모아 공개적으로 말씀해주시고, 중간관리자로서 회의 시간에 적절히 서포트를 해드리겠다고 말이다. 서포트에 대해 강조하는 이유는 회의 중 중지가 모아지지 않거나 본인 의도대로 흘러

가지 않을까 봐 걱정하는 상사의 불안감을 덜어주기 위해서다. 다만 리더들만의 논의가 필요한 사항에 대해서는 별도로 이야기를 나누기로 약속하자. 그것이 팀원들로 하여금 상사를 더욱 신뢰하고 팀의 일을 자신의 일처럼 여기게 하는 길이다.

어차피 언젠간 모두 알게 된다

조직에서 직위가 높아지면 팀원들이 알지 못하는 정보에 접근할 기회가 훨씬 더 많아진다. 정보의 원천은 정기적인 리더 회의, 리더를 대상으로 발송된 안내 메일, 회사 내 인적 네트워크를 통한 입소문, 의사결정권자만이 접근할 수 있는 내부 시스템 등 다양하다. 특정인에게 불이익을 줄 만한 민감한 정보가 아니라면 가급적 중간관리자는 자신에게 흘러들어온 정보를 조직에 빠르게 공유해야 한다. 공유된 정보는 팀원들과 함께 문제를 인지하고 전략을 모색하고 그 변화에 대처하도록 만들 수 있다.

정보를 최대한 공유하는 것이 때로는 위험하게 느껴질 수도 있다. 조직에 다음과 같은 선례들이 있다면 리더는 정보 공개를 더욱 주저하게 된다.

- 팀원이 회사의 매출, 영업이익 지표 등을 외부 주식 커뮤니티에 게시했다
- 팀원이 내부 조직도를 경쟁사 직원에게 승인 없이 공유했다
- 팀원이 내부 개발 정보들을 무단 유출했다

하지만 이 같은 사고들은 대개 사내 직원이 마음만 먹으면 언제든지 일어날 수 있다. 즉 리더가 정보를 손에 쥐고 있다고 해서 완벽하게 예방할 수 있는 문제가 아니라 사람의 문제인 것이다. 1을 잃지 않기 위해 100의 효과를 멀리한다면 이 또한 어리석은 일이 아닐까? 아이의 안전을 위한 답시고 놀이터에 나가서 놀 나이가 되었는데도 집에서만 놀게 할 수는 없는 법이다. 부모의 역할은 밖에서 놀지 못하게 하는 것이 아니라 밖에서 즐겁고 안전하게 뛰어놀 수 있도록 주의사항을 수시로 교육하는 것이다. 정보도 마찬가지다. 최대한 팀원들과 정보를 공유하면서 보안 수칙을 제대로 지킬 수 있는 문화를 만드는 것이 더 중요하다. 그렇게 모든 조직원이 어른으로서 대우받을 때 비로소 자율성과 책임감이 생긴다.

정보의 경중에 따라 속도는 달라지지만 어떤 정보든 리더의 예상보다는 훨씬 더 빨리 흐르게 되어 있다. 팀원들

은 리더들보다 타 부서의 사람들과 긴밀한 관계를 가지기도 하는데, 타 부서의 리더가 먼저 공유한 정보는 입소문을 통해 여러 조직에 금세 퍼진다. 특히 블라인드와 같은 직장인들의 익명 앱이 활성화되어 있는 요즘에는 조직 내 비밀이란 없다고 해도 과언이 아닐 것이다. 즉 리더는 자신이 꼭 움켜쥔 정보에 대해 팀원들이 모르고 있다고 생각하지만 이미 다 아는 정보가 되어 있을 확률이 높다.

정보는 시간이 흐르면 결국 가치를 잃는다. 어차피 모두 언젠가 알게 될 정보라면 한발 앞서 팀원들과 적절히 나누며 신뢰를 구축하는 수단으로 활용하면 어떨까.

모두가 최고의 결정을 내리도록 하는 방법

정보를 공유하는 것이 더 나은 방향이라 생각하는 리더들은 머릿속에 어떤 구상을 하고 있을까? 혁신적인 비즈니스, 가시적인 성과와 더불어 스마트하게 일하는 방법으로 인재들을 끌어모으고 있는 회사들을 보자. 정보를 투명하게 공유하는 것은 그들 업무의 핵심가치 중 하나다.

블라인드와의 인터뷰를 통해 구글코리아 피플 파트너가 밝힌 구글의 핵심 경영 원칙은 바로 투명성이다.

"회사가 성공하려면 직원 모두가 최고의 결정을 내려야 합니다. 특히 구글처럼 직원들에게 의사결정권을 많이 주는 회사는 더더욱 그렇죠. 모든 직원이 최고의 결정을 내리기 위해선 회사를 조망할 수 있는 정보가 필요합니다. 최고의 결정을 하라고 하면서 정보를 안 주는 것은 말이 안 되잖아요. 복잡한 구글의 사업 환경 가운데서 회사의 큰 그림(방향성, 전략 등)을 보고 정보를 종합해 최고의 결정을 내리도록 돕기 위해 구글 안에서는 매우 활발하고 투명하게 정보 공유가 이루어집니다."

혁신적인 금융 서비스 '토스'를 운영하는 기업 비바퍼블리카는 사내 정보를 최대한 공유하는 것으로 유명하다. 그들의 핵심가치 중 하나는 최고 수준의 정보 투명성과 접근성이다. 비바퍼블리카의 이승건 대표는 회사의 정보를 모든 직원에게 동일하게 공유한다. 의사결정에 필요한 정보라면 굳이 찾지 않더라도 머릿속에 정보가 있도록 해야 한다는 것이다. 그는 토스가 서비스하는 제품들의 관련 지표, 지수 3~4만 개를 가공해 '토스 인사이트'라는 이름으로 매일 발송한다고 한다(2019년 1월 기준).

조직 내 신뢰란 상대방의 행동에 일관성이 있고 예측 가능할 때, 즉 서로 숨기는 것 없이 투명할수록 높아진다. 아무것도 보이지 않는 어두운 길에서 무작정 상대방에게 신뢰를 강요하는 것은 옳지 못하다. 중간관리자가 할 수 있는 일은 자신에게 흘러들어 온 여러 정보를 상하계층과 최대한 공유함으로써 어둠을 밝힐 수 있는 신뢰받는 동료로 자리매김하는 것이다. 주방이 훤히 공개된 식당과 그렇지 않은 식당을 비교해보자. 두 식당 모두 "우리 가게는 위생적입니다"라고 강조할 테지만 손님들은 어느 곳이 더 위생적이라고 느낄까? 주방에서 마스크와 모자를 쓰고 요리하는 셰프의 모습을 직접 볼 수 있는 음식점일 것이다.

어디까지 공유해야 할까?

훌륭한 중간관리자라면 자신에게 흘러드는 모든 정보 앞에서 다음과 같은 질문을 던지고 이에 대해 "예스"라고 답할 수 있다면 정보를 과감히 공유해야 한다.

"이 정보는 나의 상사와 팀원들이 업무를 진행하는 데 조금이라도 도움이 되는가?"

오래전 나는 장기교육에 몇 회씩 무단결석을 하는 교육생에게 교육 참석을 독려했다가 회신 메일을 받고 부끄러움에 얼굴을 붉힌 적이 있다. 그분의 메일에는 "아직 공유가 안 되었나 보네요"라는 문구가 있었다. 그분은 퇴직 예정자였다. 명색이 인사팀인데 퇴직을 앞두고 있다는 것도 모른 채 교육에 열심히 참석해달라고 메일을 보냈던 것이다. 당시 퇴직 예정자 정보는 특정 팀에서만 관리했기에 재직자와 퇴직자를 실시간으로 구분하기가 어려웠다. 이런 상황에서 퇴직 예정 정보는 소유할 정보일까, 즉시 공유할 정보일까? 팀원들이 업무를 진행하는 데 도움이 되는 정보이므로 틀림없이 공유해야 하는 정보다.

정보를 현명하게 공유하는 중간관리자는 소유할 민감 정보와 공유할 유익 정보를 구분할 줄 안다. 유관부서의 업무 이슈, 현재 서비스에 대한 반응, 팀원들의 업무 진척사항 등 참고할 만한 내용이 있는 정보라면 수시로 공유해야 한다. 후배들과 일할 때는 조직 내 정보의 격차가 없도록 회의실에 불러 모두와 공유하고 해당 이슈가 각 업무에 미칠 영향, 손해 등을 미리 파악한다. 이 과정에서 중간관리자가 보지 못하는 실무 이슈들이 튀어나오기도 한다. 이런 과정을 통해 한번 공유된 이슈는 리더들만의 문제가 아니라 자연스레 우리 팀의 당면 과제가 된다.

정보를 소유해야 할 때도 분명 존재한다. 모든 정보를 구별 없이 공유하다가 자칫 리더가 곤경에 빠지거나 조직에 혼란만 불러일으킬 수 있기 때문이다. 리더가 꽉 쥐고 있어야 하는 정보는 굳이 공유하지 않더라도 구성원들의 불안감을 야기하지 않는 가십거리 정보들이다. 어차피 알게 될 정보라며 한발 앞서 전달하는 전략을 취하는 것까지는 좋지만 '엠바고가 걸려 있는 매출과 영업실적', '옆 부서 팀장이 갑자기 퇴사당한 이유'와 같은 부질없는 가십거리는 조심해야 한다. 호기심을 충족시켜주기 위한 정보 공유가 되어서는 곤란하다.

공유하는 리더에게 고여 있는 정보란 없다. 그의 입에서 나오는 정보들은 처음 듣는 이야기이기 때문에 신선하고 동료들의 호기심을 자극한다. 정보를 공유할수록 상대방은 리더를 믿고 신뢰한다. 정보를 권력의 수단으로 활용하고 싶다면 제대로 사용하는 습관을 만들어나가자.

왜
좋은
선배들은
꼭
회사를
떠날까?

**호구와
호인,
한 끗 차이**

"아휴, 꼭 좋은 사람들만 떠난다니까! 아쉬워서 어떡해."

사회생활을 한 지 4개월도 안 되었을 무렵 나는 내가 열심히 따르던 선배의 퇴사 소식을 갑작스레 듣게 되었다. "좋은 사람들만 떠난다"라는 말은 직장을 다니다 보면 귀에 딱지가 앉을 만큼 자주 듣게 되는 말 중 하나다. 선배의 송별회에서 같은 테이블에 앉은 동료들은 안타까운 마음에 하나같이 이와 비슷한 위로의 말을 건넸다.

사람이 떠나가네

선배는 정말 좋은 사람이었다. 다른 팀원들의 일까지 자신의 일처럼 열과 성을 다해 도왔고, 어느 회의에 참석하더라도 깊게 고민하고 적극적으로 아이디어를 냈다. 그런데 그런 선배가 갑작스레 퇴사를 한단다. 배울 것도 많은 좋은 선배였는데 왜 오래도록 함께하지 못하는 것일까? 선배가 퇴사한 뒤 아쉬움의 여운은 꽤 길게 남았다. 조직 차원에서도 훌륭한 인재를 잃은 참으로 안타까운 일이라는 생각이 머릿속에 반복되었다.

사실 선배는 일을 잘하는 만큼 자신에게 쌓여만 가는 업무 부담에 꽤나 오랫동안 힘겨워했다. 선배와 가까운 동

기들은 그런 선배의 사정을 고려하지 않고 있는 대로 업무를 몰아준 상사를 두고 "실무를 모르니 제대로 업무 분배조차 못 한다"라며 속 시원히 욕기도 했다. 선배는 팀에서 항상 사람 좋은 웃음으로 "네. 물론이죠" 하며 '예스맨' 역할을 했고, 또 다른 상사는 그런 선배를 '믿을맨'으로 생각하며 의지했다.

뭐 도와드릴 거 없냐는 후배들의 질문에도 "먼저 가요. 난 괜찮아!"라며 웃던 선배는 이미 피로가 쌓일 대로 쌓여 무기력해지고 있었다. 어느 순간 선배를 위로하고 다독이던 "수고했어요", "역시 ○○○ 과장이야"와 같은 달콤한 한마디 말도 약효가 떨어진 듯했다.

스트레스 관리는 압력밥솥의 원리와 같다고 한다. 적당한 압력은 좋은 밥을 짓기 위해 꼭 필요하지만 압력에 따라 발생하는 김을 주기적으로 빼주지 않으면 제아무리 훌륭한 압력밥솥도 일순간 터져버리고 마는 것이다. 선배 역시 맛좋은 밥을 짓기 위해 밥을 짓는 내내 자신의 마음속에 꽉 찬 성난 김을 적절히 빼냈어야만 했다. 최소한 번아웃을 막기 위해서라도 말이다.

호구에도 유형이 있다

한때 온라인 커뮤니티에서 화제가 된 그림이 있다. 회사에서 만나는 사람들을 네 가지 유형으로 구분한 '호사분면'이다. 성격이 착한지 못됐는지, 일을 잘하는지 못하는지를 기준으로 호구, 호인, 호랑이, 호로새끼로 구분한 사분면이다. 착한 사람인데 일을 잘하면 호인, 일을 못하면 호구라 부르고, 못된 사람인데 일을 잘하면 호랑이, 못하면 호로새끼라 부른다. 내 기준에 그 선배는 일도 잘하고 착한 호인임에 분명했다.

하지만 회사생활을 거듭하다 보니 성격 좋고 일센스가 좋은 호인도 긴장을 늦추지 말고 꾸준히 신경 써야 할 영역이 있다는 것을 알게 되었다. 바로 남을 위한 일만큼이나 나를 위한 일에도 신경을 써야 한다는 것이다. 이것이 호구와 호인을 구분하는 한 끗 차이다. 이를 구분하지 못할 때 호인은 순식간에 호구가 된다. 냉정히 말하자면 남 좋은 일만 하는 사람은 자신의 일로 성과를 내지 못하는 저성과자로 여겨질 뿐이다. 본인을 위한 성과가 아니라 남을 위한 성과였기 때문이다.

전형적인 서포터 유형의 중간관리자들은 단위 조직의 규모가 클수록 여러 사람의 틈바구니에서 두각을 드러내거나 높은 고과를 받기가 어렵다. 주변 사람들은 항상 그들의 선의에 고마움을 느끼고, 실제로 그들은 조직의 윤활유 역할을 충실히 해낸다. 그러나 안타까운 사실은 회사에서 성과를 인정할 때만큼은 그들이 우선순위가 아니라는 점이다. 마치 프로축구의 세계에서 아무리 뛰어난 성적을 거둔 수비수나 골키퍼가 있더라도 세계 최고의 선수임을 증명하는 상은 매년 공격수가 독차지하는 것처럼 말이다.

와튼스쿨 최연소 종신교수로 임명된 조직심리학자 애덤 그랜트Adam Grant는 그의 책 《기브앤테이크Give and Take》에서 조직 내 사람들의 유형을 세 가지로 분류했다. 그는 상호 도움을 주고받는 정도에 따라 도움만 받는 이기적인 테이커 taker, 도움을 주고받는 것의 균형을 맞추는 매처matcher, 다른 사람을 있는 힘껏 돕는 기버giver로 유형을 분류했다. 재밌는 사실은 기버의 경우 조직에서 가장 높은 성과를 내거나 가장 낮은 성과를 낸다는 연구 결과다. 고성과자 기버와 저성과자 기버의 차이는 이타적인 마음의 크기가 아니라 자신의 이익도 함께 추구하는지의 여부에 달려 있다. 고성과자 기버는 업무에서건 관계에서건 일방적 헌신이 아니라 윈윈win-win하는 구조를 꾸준히 만든다. 이와 달리 헌신만 하는 기버는 헌신짝이 될 확률이 높다.

억압의 방어기제 vs 억제의 방어기제

직장생활을 하며 솥에 가득 차 있는 김을 적절히 빼내기란 쉬운 일이 아니다. 특히나 중간관리자는 안 그래도 일이 많고 바쁜 시기를 보내는 위치로, 조직에서 신임을 얻은 만큼 상사의 지시를 받아 급히 처리해야 하는 수명 업무들이 물밀듯이 치고 들어온다. 갑자기 상사가 요청하는 업무들과 주변 사람들이 도움을 청하는 일들에 사람 좋은 웃음으로 받아주다 보면 일의 양은 계속해서 늘어난다. "호의가 계속되니 권리인 줄 안다"라는 말처럼 잡무는 받으면 받을수록 세포가 증식하듯 늘어난다. 그럼에도 들인 노력에 비해 조직 내에서 받는 인정은 기대만큼 크지 않다.

같은 상황에서 현명한 기버들은 자신과 타인 모두에게 도움이 되는 방향으로 생각을 정리하고 일을 처리한다. 성숙한 방어기제를 활용하는 것이다. 방어기제란 스트레스를 유발하는 갈등 상황, 무기력한 상황이 생겼을 때 이를 극복하기 위해 떠올리는 생각과 행동을 말한다.

중간관리자가 자주 처하는 상황을 가정해보자. 업무로 정신없이 바쁜 중에 상사는 위에서 지시한 수명 업무를 중간관리자에게 맡기려 한다. 이 상황에서 보통의 사람이라면 새로운 일을 받는 상황이 부담스럽고, 바쁜 줄도 모르고 일을 자꾸만 부탁하는 상사에게 짜증이 날 수 있다. 이때 미성숙한 방어기제를 활용하는 중간관리자는 일단 싫은 내색을 못 하고 이를 받아들인다. 그리고 속으로 끙끙 앓는다. 또한 '우리 부장님은 내 상황을 뻔히 알면서도 내가 만만하니까 자꾸 일을 주는 거야'라며 부정적인 감정을 증폭시킨다. 이는 '억압'과 '투사'라는 부정적인 방어기제다. 이런 종류의 방어기제는 타인과 자신에게 피해를 주고 간혹 부정적인 감정이 자기도 모르게 표출되어 자신의 이미지까지 갉아먹는다.

반면 현명한 중간관리자는 성숙한 방어기제를 활용한다. "부장님, 저 진짜 이러다 일에 깔려 죽을지도 몰라요!"라고 너스레를 떨거나 자신에게 업무 요청이 올 걸 미리 '예상'하고 심정적으로 이에 충분히 대비한다. 예상되는 상황이 발생했을 때는 감정적으로 스트레스받기보다 자신의 업무 상황을 효과적으로 알리고, 일을 맡는다 해도 납기일을 맞추기가 어렵다는 것을 넌지시 표현하며 일정을 가급적 넉넉히 조정하기도 한다. 오히려 '오죽하면 부장님도 내가 일이 많은 걸 뻔히 알면서 이렇게 또 부탁을 할까'라며 심정적으로 상대방을 이해하고, 업무가 과중한 상황을 함께 풀어가기 위해 솔직하게 터놓고 대화를 시도한다. 이런 종류의 방어기제를 '유머'와 '억제'라 한다. 억제는 억압과

달리 상대방의 입장과 행동을 충분히 그럴 수 있다고 인정하면서 부정적 감정을 효과적으로 억제시킨다. 마음속에 쌓아두는 억압과는 분명히 다르다.

파이를 키우는 감정 관리의 기술

상사가 마이크로 매니징을 일삼을 때 '리더가 되었는데 아직도 실무자처럼 군다. 또 하나하나 다 들여다보시네! 이럴 거면 실무자와 관리자를 왜 구분하나? 아휴, 내가 참아야지'라며 억압의 반응을 보이는 것과 '나도 내 집 계약하고 자동차 살 때 그렇게 꼼꼼히 확인했었지. 자기 일이 되면 확실히 달라. 나도 저 자리에서 책임을 지게 되면 아무래도 더 신경이 더 쓰일 거야. 충분히 그럴 수 있어'라고 감정을 다잡는 억제의 반응은 분명히 중간관리자의 심리와 행동에 다른 영향을 끼친다.

직장에서 이타적이기만 한 사람은 결국 스스로 에너지가 고갈되어 탈진 상태에 이를 확률이 높다. 성숙한 방어기제를 활용하는 것을 넘어 행복한 직장생활을 위해 상사와 공생할 수 있도록 파이를 키우는 감정 관리의 기술을 계속해서 익혀나가야 한다. 더 나아가 상사에게 도움을 줬다면 나에게 도움이 될 만한 일을 부탁하고, 자신의 권리를 찾아 주장하는 것도 필요하다. 어떤 관계라도 일방향일 때 균형이 깨지고 신뢰와 존중을 잃는다. 악어와 악어새처럼, 꽃과 꿀벌처럼 내가 줄 수 있는 것은 꾸준히 피력하고 그동안 쌓아온 신뢰로 자신의 역할과 생각을 주장하는 중간관리자가 되자. 우리는 지금도 충분히 잘해내고 있다. 다만 세련되게 표현하지 못했을 뿐이다.

어려운
관계일수록
스몰토크

**지구별의
인간 대
인간으로서**

지금 당신은 조금 난감한 미션을 하나 받았다. 내일부터 부장님과 매일 한 번 이상 친구와 대화하듯 편한 마음으로 이야기를 나눠야 한다. 미션을 흔쾌히 수락하겠는가?

별 대수롭지 않은 부탁으로 여길 직장생활 대인관계의 고수들도 계시겠지만 회사에서 가장 다루기 어려운 부분이 상사와의 관계라고들 한다. 조직과 일이 싫어서가 아니라 상사가 싫어서 퇴사한다는 말이 있을 정도다. 퇴사의 이유 중 인간관계 스트레스가 70퍼센트를 넘어선다는 설문조사 결과도 있다.

실무자 시절엔 그저 시키는 일만 잘해도 그럭저럭 좋은 평가를 받을 수 있다. 하지만 중간관리자는 실무자에서 리더로 위치가 달라지는 시기다. 역할이 변하면 그에 걸맞게 요구되는 모습들이 있다. 중간관리자는 조직의 허리인 만큼 이미 능숙해진 실무 능력만큼이나 조직 내 관계를 다루는 관계 설정 및 관리 능력이 도드라지게 드러난다.

중간관리자로서 조직 내 관계, 그중에서도 가장 어렵다는 상사와의 관계를 어떻게 가져가야 할까? 수년간 직장생활을 하면서 내가 내린 결론은 정치질도 아니고, 일방적인 보좌나 충성도 아니다. 오히려 맡은 일을 책임감 있게 수행하면서 그저 아주 가끔이라도 상사 대 부하의 관계가 아닌, 저 머나먼 우주에서 바라보는 작디작은 지구별의 인간 대

인간으로서, 함께 인생을 살아가는 동등한 생명체로서 나를 인식시키는 것이 중요했다.

사무적 관계가 일을 더욱 어렵게 만든다

내가 이런 다소 황당한 생각을 하게 된 계기는 직장이라는 기울어진 운동장에서 대개 상사는 갑, 부하직원은 을이라는 일방적 관계가 성립되기 때문이다. 상대적으로 힘이 약하고 매사 불리한 위치에 놓인 실무자는 스스로 움츠러지기 쉽다.

사원, 대리 시절엔 왜 그렇게 상사와의 독대 자리가 어색하고 불편하게 느껴졌는지 모르겠다. 관계를 풀어나가는 법을 모르던 시절에는 상사와 가까워질 수 있는 좋은 기회조차 일부러 피해버렸다. 부장님이 내게 던지는 모든 질문에 대한 답이 나에 대한 평가로 이어진다는 생각에 지나치게 교과서적인 모범 답안을 제시했고, 개인적인 이야기를 하기는 무척이나 조심스러웠다.

그렇게 어렵던 부장님과 함께 외부 교육에 참석한 적이 있다. 콧바람을 쐬러 나가는 날이었음에도 사무실로 돌아오는 택시 안은 면접장처럼 느껴졌고, 부장님이 던진 "교육 어땠어요?"라는 질문에 또 딱딱한 모범 답변을 해버렸다. 긴장하면 긴장할수록 분위기는 더 단단하게 얼어갔다. 상사와의 관계를 일로써만 설정했기에 어려웠고, 어려움은 불편함을 낳았다. 딱딱해진 관계는 결코 풀릴 줄을 몰랐다. 그러면서 귀에 걸면 귀걸이, 코에 걸면 코걸이 식의 정답이 없는 업무조차 훨씬 더 논리와 형태를 갖춰 준비해야만 부장님을 설득할 수 있게 되었다. 쉽게 풀 수 있는 문제에도 시간과 노력을 몇 배나 쏟아부었음은 말할 것도 없다.

사실 지금도 신경이 쓰이는 건 매한가지지만 예전처럼 몸서리칠 정도로 피하고 싶지는 않다. 오히려 이 시간을 업무 관련 이슈에 대한 상사의 의중을 캐내거나 개인적인 고민을 이야기할 기회로 다루게 되었다.

리더와의 관계는 리더 하기 나름?

조직에서 직속 상사만큼 불편한 관계는 없을 것이다. 중간 관리자는 매년 목표설정 기간이 되면 상사와 입씨름을 하고, 성과평가 기간이 되면 기대치보다 낮은 평가등급을 준 상사를 원망하기도 한다. 또한 커뮤니케이션 과정에서 일방적으로 감정이 상하거나 갈등을 겪는 상황도 종종 발생한다. 필연적으로 서로가 껄끄러운 상황에 직면해 입 밖으로 싫은 소리를 내뱉을 수밖에 없는 관계인 것이다.

그러한 관계의 태생적 한계에도 불구하고 능수능란하게 관계를 맺으며 오히려 상사와의 관계를 업무상 강점으로 극대화하는 선배가 있었다. 그 선배의 말과 행동을 보면 흔히 말하는 사내 정치질, 알랑방귀와 다른 특별한 면이 있었다. 그 역시 상사를 어려워하고 미운 감정을 느낄 때도 있지만, 그러면서도 인간 대 인간으로서 상대를 존중하고 도움을 주고받는 관계로 대했다. 후배들과 있을 때도 "부장님한테 말씀드리고 갑시다", "부장님 혼자 계실 텐데 챙겨드리죠"와 같은 말을 자연스레 꺼냈다.

한 강연에서 미시간대학교의 제인 더턴Jane Dutton 교수가 밝힌 직장 내 고품질 관계의 요소들을 듣고는 그 선배를 떠올렸다. 고품질 관계가 되기 위한 네 가지 조건은 존중, 신뢰, 도움, 함께 놀기였다. 직장에서 관계 개선을 고민할 대상은 흔히 동료나 후배뿐이라고 생각하기 쉽다. 리더와의 관계는 권력을 가진 리더 하기 나름이라고 생각하는 것이다. 하지만 관계에 있어 노력 대비 가장 효과 좋은 투자처는 바로 상사와의 관계라는 것을 잊어서는 안 된다. 기본적인 관계의 공식만 잘 적용해도 서로 도움을 주고받는 공생의 관계로 충분히 변화시킬 수 있다.

회사생활을 하다 보면 영혼의 짝처럼 상사를 따라 회사를 옮겨 다니는 후배들을 볼 수 있다. 이들이 조직 내 성공만을 좇아 상사를 따랐다면 상사의 이직과 동시에 관계는 단절되었을 것이다. 리더 하나만 보고 회사를 옮기는 과감한 결정을 하는 이유는 뭘까? 결정적으로 그들 사이의 관계의 품질이 높았기 때문일 것이다.

귀 기울이면 할 말이 생긴다

고품질 관계는 딱딱하고 어색한 관계를 녹이는 스몰토크(사소한 일상적 이야기)로부터 시작된다. 그런데 대화를 쉽게 만드는 스몰토크에 대해 우리가 자주 하는 오해가 하나 있다. 바로 짧고 가벼운 대화는 모두 스몰토크라고 여기는 것이다. 모든 스몰토크가 관계 향상에 도움이 되는 것은 아니다. 스몰토크를 오해할 때, 제대로 사용할 때 같은 상황이 어떻게 흘러가는지 살펴보자. 월요일 아침 탕비실에서 상사와 마주친 중간관리자의 스몰토크다.

스몰토크의 나쁜 예
"부장님, 주말 잘 보내셨어요?"

"어, 그럼요. 신 과장도 잘 보냈어요?"

"네엡! 잘 보냈습니다."

"그래요. 오늘도 수고하세요."

스몰토크의 좋은 예

"부장님, 주말에 아드님하고 농구는 재밌으셨어요?"

"어? 신 과장, 어떻게 그걸 다 기억하고 있네요.
아들 녀석이 그새 실력이 많이 늘었더라고요."

"하하하. 아들 키우는 재미 제대로 보시는데요?
저는 언제쯤 그렇게 같이 운동하려나요."

"신 과장도 요즘 육아하느라 힘들죠?
너무 지치지 않게 몸 챙겨요. 힘든 일 있으면
편하게 이야기하고요."

먹히는 스몰토크는 다르다. 바로 상대방과 먼저 나눴던 대화에서 흘러나온 정보에 기반하기 때문이다. 스몰토크를 짧지만 강력한 관계의 기술로 활용하려면 상대방에 대한 관심이 더욱 중요하다. 교육에 참여하는 학습자건, 물건을 구매하는 소비자건 자신과 연결된 이야기에 대해서는 특히나 흥미를 갖고 귀를 기울인다. 평소 팀 미팅에서 또는 점심 시간에 나눈 이야기들을 잘 기억해두고 이를 활용해 스몰토크를 시작해보자. 작지만 일로 만난 사이 그 이상의 관계로 업그레이드할 수 있는 관계 향상의 숨은 열쇠가 될 것이다. 더 이상 영혼 없는 아침 인사는 그만하자.

상사가 스몰토크를 싫어한다면

스몰토크를 가볍게 여기고 어설프게 활용하다 보면 오히려 득보다 실이 커질 때가 있다. 안 하느니만 못 한 대화를 시작해 대화를 하고 있는데도 정적이 흐르는 그 어색한 감정을 서로 느끼게 되는 것이다. 굳이 할 말이 없을 때는 실속 없는 대화보다는 따뜻한 미소와 함께 웃음으로 "안녕하세요"라고 짧게 인사하는 게 관계에 더 도움이 될 수 있다.

또한 업무 외적인 일은 말하기를 꺼리는 상사, 본래 말수가 적은 상사는 어떤가? 좋은 관계를 이끌어내고 싶다면 내가 아닌 상대방의 관점으로 문제를 풀어내야 한다.

내향형의 팀원들이 모인 팀에서 팀워크를 다지려면 잦은 회식이나 워크숍보다는 가끔씩 팀원들과 일대일로 점심 식사를 하는 게 더 좋다. 혼자 있어야 에너지가 채워지는 사람들에게 굳이 팀워크를 높이겠다고 다 같이 모이는 자리를 일부러 마련해 강제로 접촉 빈도만 높이는 것은 오히려 불편함만 일으킬 수 있기 때문이다. 상사와의 관계도 마찬가지다. 사적인 영역에 대한 대화 빈도는 줄이고 오히려 진행하는 업무에 대한 조언을 구하거나 짤막한 업무 경과 보고의 자리로 끌고 가는 것이 현명하다. 상사의 성향에 맞는 방식이 최선임을 잊지 말자.

제대로
평가받는 것도
내
일이다

뿌린 만큼
거두는
기술

"뿌린 대로 거둔다."

직장생활을 하면서 이 말을 진리처럼 믿고 있다가는 믿는 도끼에 발등을 사정없이 찍힐지 모른다. 매년 중간관리자는 뿌린 만큼 성과를 거두길 바라지만 직속 상사는 팀원들이 뿌린 내용조차 정확하게 기억하지 못하는 경우가 허다하다. 인간은 망각의 동물이고, 직장에서 해낸 만큼 인정을 받는다는 것은 생각보다 쉽지 않다.

해내는 역할과 결과에 걸맞은 인정과 보상을 받는 것이 정상이지만 성과평가 시기만 되면 하염없이 작아지는 중간관리자들이 주변에 많다. '남들도 다 할 수 있는 일인데'라며 자신의 업적을 하찮게 취급하거나 '같이 한 일인데' 하며 지나치게 겸손한 모습을 보인다. 또 '말 안 해도 다 감안해서 평가해주겠지'라는 막연한 기대까지 가지고 있는 경우가 있다.

평가 결과가 모든 것을 증명하지는 않지만 '나는 그런 것 따위 신경 안 써' 하며 쓸데없는 '쿨병'에 취할 필요도 없다. 최소한 자신이 일한 만큼은 인정받아야 하지 않겠는가. 일의 의미와 보람을 찾는 것이 행복한 직장생활을 위한 첫 번째 법칙이라 말하지만 현실적으로 외적 보상이라는 영역을 무시할 수는 없다. 아무리 의미를 찾으며 일한들 조직 내 인정을 받지 못한다면 혼자서 우직하게 일을 추진해

나갈 수 없다. 표면적으로 직급이 폐지되고 상호 호칭도 직급이 아닌 '님' 또는 영어 닉네임으로 부르는 직장에서도 사람들은 허울뿐인 승진이라는 이벤트에 동기부여되고 설렌다. 이처럼 내적 동기와 외적 동기가 조화롭게 균형을 이뤄야 출근길이 꽃길로 변한다.

뿌린 대로 거두는 몇 가지 노하우를 살펴보자. 사람이 기억하기에 가장 좋다는 3의 법칙을 활용해 딱 세 가지만 정리했다.

첫째, 모든 것을 기록하자

고과평가 시스템에 접속해 1년간의 업무 결과를 입력하고 제출 버튼을 누르자마자 아차 싶었다. 업무 시간의 상당 부분을 할애해 수행했던 수명 업무를 기재하지 않고 제출해 버린 것이다. 야속하게도 수정 버튼은 없었고, 취소 처리해 달라고 하기에도 민망해 그냥 내버려둔 경우가 있었다.

이처럼 수행할 때는 수없이 고민하며 업무 시간의 상당 부분을 쏟은 일들조차 시간이 지나면 잊히게 마련이다. 본인조차 잊는 업무인데 수많은 팀원을 관리하는 평가권자가 하나하나 기억하길 바라는 것은 너무 무리한 기대가 아닐까? 똑똑한 중간관리자는 자신의 업무 수행 과정과 결과를 되도록 수치화해 기록한다. 또 연말 성과평가 기간이 되면 이를 토대로 자신의 한 해 성과를 체계적으로 정리한다.

둘째, 기여도를 구체적으로 제시하자

팀 차원에서 수행하는 업무들은 대개 뭉뚱그려 포장되거나 기여도가 희석되기 마련이다. 본인이 어떤 역할을 했고 어떤 프로젝트를 주도적으로 이끌었는지, 어떠한 상황에서 결정적인 역할을 했는지, 보고받는 입장에서 구체적으로 확인할 수 있도록 전달해야 한다. 같은 프로젝트를 기획하고 개발했더라도 표현에 따라 그 기여도는 다르게 보인다.

기여도 제시의 나쁜 예

'도레미 프로젝트 기획/개발'

- 프로젝트 일정 관리 담당 및 업무 수행

기여도 제시의 좋은 예

'도레미 프로젝트 기획/개발 : 일정관리 주 담당'

- 신규 프로젝트 관리 툴 도입 및 활용도 제고

- 개발 개선 과제 5개 발굴 및 업무 효율화 작업 진행
- 유관부서 담당자 주 1회 정기회의 주최 및 의견 수렴

셋째, 결국 성과평가는 협상력이 좌우한다

"어떻게 하면 좋은 평가를 받을 수 있나요?"

대리 시절 나는 팀장님에게 미친 척하고 당돌한 질문을 던진 적이 있다. 연초 설정한 목표를 모두 달성했는데도 평가 등급 '보통'을 받은 것에 대한 불만을 직접적으로 표출한 것이다. 무례하게 느낄 수 있는 질문이었는데 감사하게도 팀장님은 웃으면서 받아주었다. 나는 그때 협상의 하수였다. 지나치게 저돌적이었고 전략적으로 내 성과를 어필할 줄도 몰랐다. 그때 팀장님과의 솔직한 대화를 통해 정립한 두 가지 전략은 매년 성과평가에서 협상력을 높이는 데 중요한 길잡이가 되었다.

에임 하이 전략

에임 하이aim high는 협상에서 되도록 높은 조건을 먼저 제시하는 전략이다. 물건을 파는 입장이면 가격을 높게 부르고 물건을 사는 입장이면 가격을 낮게 부르는 식이다. 상대

방에게 높은 조건을 먼저 제시함으로써 그보다 낮은 조건을 충분히 수용하도록 만드는 것이다. 터무니없이 높은 성과평가 결과를 주장하면 오히려 신뢰도가 떨어지지만, 앞서 설명한 대로 수치화한 성과와 구체적인 기여도를 제시해 충분히 설득력을 갖췄다면 평가 등급을 한 단계 높여서 제시할 배짱도 필요하다.

다시 내 사례를 들자면, 객관적으로 보기에도 예년보다 좋은 성과를 거둔 해가 있었다. 팀 내에 결원이 수차례 발생했고 조직장의 자리도 부재해 팀 살림을 도맡다시피 했다. 그럼에도 보통, 우수, 매우 우수라는 고과 중에 무엇을 제출할지 굉장히 고민을 많이 했다. 조직에서 남다른 성과를 거뒀으니 과감하게 에임 하이 전략을 구사해야 했지만 동방예의지국 겸손 병에 걸려 당연히 매우 우수를 줄 것이라 기대하며 우수로 제출했다. 어찌 보면 이미지도 살리고 평가 등급까지 좋게 받겠다는 과욕이었다. 한 해 성과를 결정짓는 일에서조차 겸손하려 했던 아둔함의 결과는 완벽한 패착이었다.

내가 만약 에임 하이 전략을 사용했다면 어땠을까? 평가권자는 나에게 매우 우수 등급을 주지는 못할지언정 마음의 짐 하나쯤은 지었을 것이 분명하다. 내가 높은 조건을 제시한 뒤에야 진짜 협상의 판이 벌어졌을 것이고, 등급을 통보받는 을이 아니라 협상 테이블 맞은편에 앉은 상대방으로서 자격을 갖췄을 것이다. 중간관리자가 평가 결과를 우수로 제출했을 때 평가권자가 "올해 정말 열심히 했는데 평가가 너무 겸손한 거 아닌가? 매우 우수로 올리자"라고 먼저 제안할 확률은 희박하다.

배트나 전략

배트나Batna, Best Alternative To a Negotiated Agreement는 협상에 의한 합의가 불가능한 경우 협상 당사자가 취할 다른 대안을 뜻한다. 우리는 성과평가 과정을 일회성으로 생각한다. "협상이 아닌 통보"라며 5분 만에 면담을 마쳤다는 말이 오가는 것도 그런 이유에서다. 하지만 1년에 한 번 2~3회씩 진행되는 면담 자리는 적은 빈도만큼이나 서로의 업무 방향과 역할에 대해 가장 임팩트 있게 건의할 수 있는 기회다.

사실 실무 능력이 좋은 중간관리자 입장에서 가장 쉽게 떠올릴 수 있는 배트나는 이직이다. 당신이 핵심 인재라면 "경쟁사에서 나를 스카웃하려 한다"라는 말보다 상사의 귀에 무섭게 꽂힐 경고장은 없을 것이다. 하지만 조직생활에도 의리라는 게 있지 않은가. 매년 이직을 협상의 카드로 제시하는 것은 외나무다리 전술처럼 모 아니면 도의 결과를 가져다줄 뿐이다.

나는 항상 원하는 결과를 얻지 못했을 때 제시할 카드, 담당 업무에 대한 의견과 희망사항 등을 미리 생각했다. 예를 들어 전문성 확보를 위해 주요 담당 업무 변경을 요청하거나 커리어 개발을 위한 단위 업무를 최소한 하반기부터는 맡게 해달라는 식으로 말이다. 이런 방식으로 1은 얻지 못해도 0.5는 얻을 수 있는 전략을 취했고, 이는 평가 면담에 임하는 나의 협상력을 높여줬다. 조직에서 더 성장하고 싶은 중간관리자라면 평가 결과에 일희일비하기보다 앞으로의 커리어 개발 계획, 역할 확장에 대한 고민을 과감하게 피력하고 협상 테이블에서 얻어낼 수 있는 것은 얻어내야 한다.

당신은 직장에서 뿌린 노력만큼 거두고 있는가? 지금까지 살펴본 전략들이 아니어도 좋다. 노력을 정당하게 인정받기 위한 자신만의 차별화된 전략을 만들어두자.

**미우나
고우나
우리
회사니까**

일할 맛
나는
조직의
열 가지
유형

① 배울 게 많은 동료와 선배가 가득한 인재의요람형

② 선배라고 반말 않고 후배라고 복종 않는 상호존중형

③ 모두의 의견이 동등하게 존중받는 100분토론형

④ 성과를 낸 만큼 확실히 보상해주는 골든벨형

⑤ 정보를 시원하게 공유하고 의견을 수렴하는 오픈플랫폼형

⑥ 다양성과 의사 표현의 자유를 철저히 보장하는 민주주의형

⑦ 사내 식당 밥이 기가 막히게 맛있는 미슐랭저리가라형

⑧ 더 나은 세상을 만드는 데 기여하는 동기부여형

⑨ 휴식 시간을 확실하게 보장해주는 낄끼빠빠형

⑩ "그 회사? 우리 회사야" 자랑하고 싶게 만드는 우리형

조직을
좀먹는
고인물

회사도
망치고
커리어도
망치고

"팀장님, 회사에 기강이 없는 것 같아요."

군대도 아니고 회사에서 기강이라니? 그것도 리더가 아닌 팀원 한 명이 작심하고 던진 폭탄 발언에 팀장은 적잖이 당황한 듯 보였다. 몇몇 팀원이 출근 직후 사내 카페로 곧장 내려가 30분 이상 시간을 보내고, 한 시간으로 제한된 점심시간에 한 시간짜리 취미 클래스에 다녀와 업무 시간을 훌쩍 넘기는 일들이 일상이 되면서 쌓여 있던 팀 내 불만이 폭발한 것이다.

이야기를 듣자 멋쩍은 듯 팀장은 깊은 숨을 고르며 손가락을 움켰다 폈다 반복했다. 그는 뻔히 보이는 갈등의 골 앞에서 끝내 문제를 직면하지 않고 대화의 주제를 돌려버렸다. 잠시 피한다고 해서 팀 내 갈등이 땅으로 꺼질 리가 만무했다. 고인물처럼 썩어가던 조직에 그렇게 균열이 커지고 있었다.

원주민과 이주민의 갈등

창업 후 몇 년간 우상향 곡선을 그리며 빠르게 성장한 한 회사가 있다. 직원들도 두 자리 수에서 세 자리 수로 빠르게 늘었다.

이 회사의 경력직 입사자들은 양립 불가능해 보이는 두 가지 호칭 문화 때문에 입사 초기에 적응하기 어려워했다. 근속연수가 긴 창업 초기 멤버들 사이에는 배고픈 시절을 함께 보내며 형성된 끈끈한 동아리 문화가 있었다. 자연스레 형, 누나, 동생으로 부르는 그들만의 호칭 문화가 존재했다. 반면 조직 규모가 커지면서 합류한 신규 입사자들은 '○○○ 대리님'처럼 직급으로 불렸다. 문제는 창업 초기 멤버들이 사석뿐만 아니라 회사 내에서도 필요에 따라 형, 누나, 동생으로 서로를 부른다는 사실이었다.

초기 멤버들은 조직 곳곳에 포진해 있었다. 군계일학의 성과를 거둔 이들은 고속 승진을 해 부문장 또는 경영진급이 되었고, 의사결정권가 되지 못한 사람들은 팀의 주요 멤버로 자리했다. 그런 대로 수평적인 조직 문화를 지향했기에 리더가 되었다고 해서 180도 돌변해 철벽을 치는 사람도 없었고 팀원이라고 주눅 드는 사람도 없었다. 그런 독특한 배경 속에서 형 동생 문화는 죽지 않고 끝까지 살아남았다.

새로 회사에 들어온 이주민들과 초창기부터 회사와 함께 커온 원주민들이 느끼는 권력거리(상사와 후배 사이의 관계를 떨어뜨리는 심리적 거리)의 차이는 누가 봐도 확연했다. 이주민들이 관료화된 조직 구조에 맞춰 업무 진행 프로세스를 철저히 지켜갈 때 원주민들은 형 동생 문화의 최대 수혜자로 업무 프로세스를 두세 단계씩 건너뛰면서 일을 쉽게 풀어나갔다.

그들이 도전적으로 일하고, 새로이 합류하는 멤버들에게도 동등한 호칭 문화를 이어갔다면 이는 조직만의 독특한 커뮤니케이션 문화가 되었을 수 있다. 하지만 그들은 점점 변화와 도전을 멀리하면서 새로운 멤버들에게 이중 잣대를 적용했다. 여러 모임을 통해 실세 그룹에 들어온 사람에게만 형 동생 문화를 허용했고, 이는 학창 시절의 '일진 놀이'와 닮아 있었다. 조직에서 친한 형 동생이 많은 것은 업무를 쉽게 풀어갈 수 있는 값비싼 통행권 같아 보였다.

고인물도 잘하는 것이 있다

고인물을 무조건 비판할 수는 없다. 한 직장에서 오래 일하며 성장한 직원들에게는 누구도 따라올 수 없는 업무적 강점들이 있다.

그들은 업무 히스토리를 누구보다 빠삭하게 알고 있어 전후 맥락 파악이 빠르다. 왜 이런 방식으로밖에 할 수 없었는지 속사정을 알고 있기에 치고 빠지는 것에 능하다. 유관 부서와 필요한 시스템 그리고 절차를 정확히 알기 때문에 업무 시간을 누구보다 효율적으로 활용할 수 있다. 또한 사내 인적 네트워크가 넓고 깊은 탓에 누구보다 조직의 고급 정보를 빠르게 얻는다. 이런 인적 네트워크를 활용해 꽉 막힌 업무를 쉽게 돌파할 수 있다. 조직 안에서 상사들과 커뮤니케이션하는 것, 힘의 논리를 다루는 것에 능수능란하다.

상사들은 이들의 사내 정치력과 영향력을 알기에 함부로 무시하지 못한다. 오히려 적절히 이용하고 의지한다. 하지만 오래 일한 직원이 주어진 환경에 안주하고 상사들도 그들을 통제하지 못하는 순간 회사에는 재앙이 찾아온다. 고인물은 작은 웅덩이로 존재하지 않는다. 그들은 하나의 큰 호수가 되어 의욕과 패기가 넘치는 깨끗한 물까지 집어삼킨다. 합리적인 사고의 흐름을 가로막고 새로운 시각을 배척한다. 작은 물줄기가 호수에 빨려 들어가는 것처럼 말이다.

심리학에서는 동조 효과라는 이론으로 고인물 문화가 퍼져나가는 현상을 설명한다. 동조 효과란 집단의 압력에 의해 개인이 태도와 행동을 자신의 본래 의지와 다르게 취하는 것을 말하는데, 여러 명의 고인물은 주변을 무섭도록 빠르게 물들인다. 도전적인 목표는 점점 사라지고, 하던 업무만 계속해간다. 도전의식과 성취감을 주는 일들이 사라진다. 팀워크는 점점 느슨해진다.

조직의 고인물들은 비슷한 공통점이 있다. 그들은 조직에 새로 합류해 도전과 발전 욕구로 가득한 이들에게 박탈감을 준다. 새롭게 도전하고 성취하려던 사람들이 '열심히 하는 나만 바보네'라고 생각하는 순간 그 조직은 생명력을 잃고 시들시들해진다. 고인물이 방치되는 것을 경계해야 하는 이유다. 이들은 서서히 조직을 병들게 한다.

고인물 체크리스트

고인물 문화의 특징을 바탕으로 고인물 셀프 체크리스트를 만들었다. 2개 이상 해당된다면 나 또는 우리 조직도 고인물일지 모른다. 조직의 변화를 이끌고 싶다면 고인물 문화를 정면으로 깨부숴야 한다.

1. 쉽고 단순한 업무만 한다

미하이 칙센트미하이Mihaly Csikszentmihalyi는 몰입 이론을 통해 '과제와 실력의 함수관계'를 제시했다. 재미있게도 고인물은 공통적으로 업무에 무관심하거나 권태롭거나 지나치게 느긋한 하단 영역에 위치한다.

과제와 실력의 함수관계

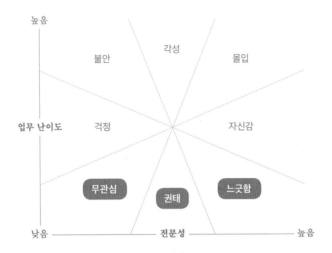

모든 원인은 이들의 전문성 또는 문제 해결력보다 쉬운 업무 난이도에 있다. 수년간 똑같은 업무 방식을 반복하고 매번 비슷한 수준의 결과가 나와도 개선할 의지를 보이지 않은 것이다. 도전적으로 일할 수 있는 환경이 아니거나 강한 피드백이 없는 경우일 수도 있다. 빠삭하게 파악하고 있는 정보들을 이리저리 조합해 보고하는 것은 그들에게 너무 쉬운 일일 뿐이다.

만약 조직의 구성원이 권태롭거나 지나치게 느긋한 모습을 보인다면 성장하지 않고 멈춰 있다는 증거다. 각자의 경력 개발과 전문성 개발을 위해 역할 변화를 요청하거나 업무 난이도를 적절히 높일 필요가 있다.

2. 출근하자마자 커피를 마시러 나간다

고인물의 업무 시간은 사적 영역과의 경계가 모호하다. 근로계약서 상에는 50분 업무 후 10분의 휴게시간이 명시되어 있지만 그들의 휴게시간은 고무줄이다. 출근을 해서 가장 먼저 시작하는 일은 카페나 화장실에 다녀오는 것이다. 책상 위에 덩그러니 놓인 가방만이 그들의 자리를 지킨다.

그들은 또 점심시간이 시작되기도 전에 10분씩 먼저 자리에서 일어난다. 한 시간씩 주어지는 점심시간에 한 시간짜리 수업을 들으러 다닌다. 이동하고 준비하는 데 드는 시간은 고려하지 않는 것이다. 업무시간에 인터넷 쇼핑도 한다. 병원에 잠깐 다녀오는 것은 양반이다.

3. 실수를 해도 부끄러워하지 않는다

보고서의 오타를 발견하고 지적하는 상사에게 "역시 예리하시네요" 또는 "와, 빨간펜 선생님!" 하며 대수롭지 않게 웃으며 넘긴다. 상사는 그동안 쌓아온 관계 때문에 멋쩍게 웃고 넘기는 경우가 흔하다. 크게 혼나는 법이 없으니 심각함도 없고 부끄러움도 없다. 보고 전에 몇 번씩 퇴고를 거치며 비문과 오탈자를 찾던 초심을 잃어버린 지 오래다. 원인은 간단하다. 틀려도 지적받지 않기 때문이다. 조직에서 오랜 세월을 지냈기에 상사와의 관계는 촘촘하다. 그렇게 날카로웠던 그들의 시야와 집요하게 파고들어 작은 차이를 만들어내던 훌륭한 감각은 점점 퇴화한다.

4. 변화를 맹렬하게 거부한다

그들은 하던 방식을 지독히 고수한다. 새롭게 무언가 시도하길 바라는 의욕 넘치는 후배들, 기존 업무 프로세스에 답답해하는 동료들이 치고 나갈 기회를 부순다. "내가 알아요. 박 팀장님은 이런 거 제일 싫어해요" 같은 말들로 상사의 의견을 다 아는 듯이 대변하며 새로운 아이디어를 뭉갠

다. 결국 하던 업무에 양념만 조금 가미해서 다시 비슷하게 진행한다. 호박에 줄 그어 수박이라고 내놓는 꼴이다.

그들의 주장은 그 나름 합리적으로 보인다. 하지만 그들이 속한 조직은 결국 하던 일을 하던 방식대로 반복하며 도전하지 않기 때문에 차별화된 성과와는 자연스레 멀어진다. 고객의 반응은 거짓말을 안 한다. 제품과 서비스가 더 나아지지 않으면 식상함을 느끼고 떠나간다.

5. 사내 일진 놀이를 즐긴다

사내 정치는 명백히 순기능이 존재한다. 중요 의사결정권자와 친밀한 관계를 형성해 껄끄러운 업무에 대한 협조를 구하거나 부서 간 협업을 도모하고 자신의 부서와 프로젝트의 성과를 널리 알려 인정받는 일 등이다. 하지만 고인물이 참여하는 사모임은 좋은 효과를 기대하기 어렵다. 그들은 사모임을 통해 험담을 하고 나쁜 소문을 퍼뜨린다. 결국 그들은 자기편에 서야만 난처함을 피할 수 있는 일진 놀이를 공고히 하며 미운털 박힌 사람과 특정 조직에 대한 편견을 조직에 가득 채운다. 자신들의 마음에 드는 동료는 내 편, 마음에 들지 않는 동료는 네 편으로 편을 가른다. 함께 힘을 모아 성과를 내야 하는 조직에서 이 얼마나 유치한 일인가.

고이는 순간 커리어는 끝이다

흐르는 물은 자주 예측 가능한 경로를 벗어난다. 바위에 부딪혀 옆으로 튀어 오르기도 하고 작은 샛길로 빠지기도 한다. 물을 한 방향으로 끌고 나가야 하는 사람 입장에서 보자면 이런 현상은 불편한 감정을 일으키는 성가신 일로 느껴질 수 있다. 하지만 우리는 이런 돌발 상황들이 가장 자연스러운 변화의 속성이며 물을 썩지 않게 만드는 원동력임을 기억해야 한다.

시행착오조차 두려워하는 조직과 리더는 통제 불가능한 상황에 극도의 불안감을 느끼고 고인물을 보며 평온함을 느낀다. 결국 안정적인 업무만을 추구하고 새로운 시도를 장려하지 않는다. 제자리걸음을 벗어나려면 새로운 영역을 탐험해야 한다. 결과만이 아니라 그 과정에서도 기쁨을 느낄 수 있도록 리더십과 업무 방식을 재설계해야 한다. 올바른 가치관을 토대로 리더십이 발휘되어야 조직 전체가 변화할 수 있는 진짜 힘이 생긴다. 변화가 없는 개인과 조직은 성장을 멈추고 고인물이 되어 썩어간다.

내가
조직을
변화시킬 수
있을까?

**작은
성공부터
쌓아나가자**

"또 저러다 말겠지."

회사에서는 학습된 무기력이 자주 나타난다. 잘나가는 회사의 방식이라며 자사의 환경을 고려하지 않고 무작정 새로운 제도를 도입했을 때, 리더가 갑작스럽게 업무 관리 방식을 바꿨을 때, 새로운 프로젝트 개발 방법론을 도입했을 때 등 이론은 그럴싸할지 몰라도 현실세계에서는 조직원들이 갑작스러운 변화에 적응하는 데 많은 어려움을 겪는 경우에 특히 그렇다.

보기에 멋지고 새로운 것이 항상 옳은 건 아니다. 일부 조직원들은 잦은 실패 때문에 변화, 도입이라는 단어 자체에 거부감을 느낀다. 저러다 말겠지, 하며 이를 가뿐히 무시해버리고 마는 것이다.

변화에도 전략이 필요하다

어느 날 약 100명 규모의 개발 조직에 새로 부임한 조직장이 교육 신청을 하면서 고민을 털어놓았다. 그분은 자신의 조직에 애자일Agile 개발 방법론을 뿌리내리게 하고 싶은데 어떻게 도입하는 게 좋을지 걱정이라고 했다. 자세한 속사정을 들어보니 그럴 만도 했다. 최근 몇 년간 여러 번 조직장이 바뀌었고, 부임할 때마다 자신의 스타일에 맞는 여러 제도를 도입하고 시도한 탓에 조직의 대다수 인원이 지칠 대로 지쳐버렸다는 것이다. '변화'의 '변'자만 들어도 몸서리를 치는 상황에서 어떻게 자신이 원하는 프로젝트 개발 방식을 정착시킬 수 있을지 고민했다.

교육을 준비하기 위해 마련한 미팅 자리에서 우리는 더 큰 범위의 변화 관리에 대한 이야기를 나눴다. 어떤 교육이 효과적일까를 논하기보다 어떤 순서로 진행해야 효과적으로 새로운 방법론을 연착륙시킬 수 있을지에 집중했다. 고심 끝에 세운 전략은 전면적 도입이 아니라 짧은 세미나부터 시작하는 것이었다. 세미나의 목적은 유사한 조직 문화에서 일을 하는 조직이 신규 개발 방법론을 도입하며 겪었던 사례를 소개하고 우리 조직에 도입할 때 우려되는 점들과 이를 극복할 방법을 전문가를 통해 제시함으로써 심리적 부담감을 줄여주는 것이었다.

또 세미나 후에 제도를 단계적으로 도입하며 상황을 보기로 했다. 몇몇 팀에 시범적으로 도입함으로써 변화에 대한 저항감을 줄이고, 작은 성공 경험을 쌓아 점진적으로 조직 전반에 방법론을 뿌리내리게 하겠다는 전략이었다. 미팅이 끝날 무렵 조직장은 잘못된 변화 관리 방식의 핵심을 꿰뚫는 농담을 던졌다.

"하마터면 애자일을 애자일하지 않게 도입할 뻔했어요."

변화에 관해 조직장과 나눈 이야기는 어항 물갈이의 원리와 비슷한 면이 있었다. 변화에 대한 충격을 최소화하려면 전체가 아닌 부분 물갈이를 단계적으로 해야 한다는 것이다. 이 경험을 바탕으로 나는 변화를 만드는 시작에 대한 몇 가지 원칙을 세웠다.

변화 초기에 리더가 해야 할 일

1. 맹목적인 추종을 멈추자

선진 사례를 맹목적으로 따르지 말자. 우리 조직의 환경을 먼저 고려하자. 티 없이 맑고 깨끗한 물을 갈아주려는 주인의 욕심이 어항 속 물고기의 생명보다 우선시될 수는 없다.

2. 왜 필요한지 공감하게 하자

시스템 도입은 소수가 할 수 있지만 실행은 다수가 함께해야 한다. 현재 시스템의 명확한 한계와 어려움을 끄집어내 변화를 위한 공감대를 형성하자.

3. 부담부터 주지 말자

변화가 꼭 필요하다면 무작정 선언부터 하지 말자. 조직원들은 혹시나 이게 평가와 연계되는 것은 아닌지, 업무만 가중되는 것은 아닌지 불안감과 동시에 부담을 느낀다.

4. 작고 빠르게 시도하자

변화에 대한 긍정적인 인식을 심어주는 초기 단계가 무엇보다 중요하다. 작게 시도하면 실패하더라도 부담이 적고 리더 입장에서도 도입을 재검토할 수 있다. 시작이 반이다.

변화를 빠르게 안착시키는 기술

우리는 변화를 안착시키기 위해 무엇부터 해야 할까? 이때 참고해볼 수 있는 도구가 문제 해결의 우선순위 도출을 위해 자주 활용되는 페이오프 매트릭스Pay-off Matrix다.

이 매트릭스의 가로축은 실행 난이도를 뜻하고 세로축은 실행했을 때 업무에 끼칠 영향력을 뜻한다. 각 기준을 조합하면 네 가지 영역이 도출되는데, 변화를 만들기 위한 실행의 우선순위는 오른쪽 상단부터 역 Z 자 순서로 고려할 수 있다.

페이오프 매트릭스

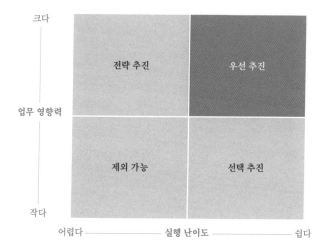

STEP 4   미우나 고우나 우리 회사니까

① 우선 추진Quick Wins : 상대적으로 실행하기 쉽고
업무에 미치는 영향력이 크다

② 전략 추진Strategic Initiatives : 실행하는 데 시간과
자원이 많이 필요하지만 업무에 미치는 영향력이
크다

③ 선택 추진Nice to Have : 상대적으로 실행하기 쉽고
업무에 미치는 영향력은 작다

④ 제외 가능Leave for Now : 실행하는 데 시간과 자원이
많이 필요하고 업무에 미치는 영향력은 작다

가장 우선순위가 높은 영역은 실행이 쉬우면서도 업무
에 미치는 영향력이 큰 영역이다. 이를 우선 추진 영역이라
부른다. 앞서 살펴본 이야기에서 애자일 도입을 위해 선택
한 첫 활동은 단 두 시간의 짧은 세미나였다. 이를 통해 애
자일에 대한 인식을 바꾸고 시범 조직을 통해 빠르게 실행
해보는 전략을 택한 것이다.

티끌 모아 언덕, 언덕 모아 태산

"고작 이 정도로 변화가 되겠어요? 충격요법이 필요해요, 충격요법이!"

변화에 대한 욕구가 크면 클수록 성급한 마음이 앞서고 빠르게 승리할 수 있는 작은 일들은 성에 차지 않을 수 있다. 하지만 야구에서 막판 1점 승부를 위해 희생번트 전략을 택하듯 당장은 하찮아 보여도 결정적인 힘을 발휘하는 것은 우선 추진 영역에 해당하는 작은 아이디어들이다.

게임 개발사는 게임을 정식 서비스하기 전에 비공개 베타 테스트CBT, Closed Beta Test와 공개 베타 테스트OBT, Open Beta Test를 거친다. 게임을 정식으로 출시한 뒤 버그가 발생하거나 서버가 다운되는 등 돌이킬 수 없는 사고가 일어나는 것을 최소화하기 위한 과정이다. 혹시나 조직에 실패를 용인하는 문화를 뿌리내리게 하고 싶다며 거창하게 실패 발표회를 해보자고 일을 벌이지는 말자. 이보다는 상사가 회의 시간에 먼저 실패담을 공유하고 해결책을 모색해보자며 꾸준히 행동으로 보여주는 편이 낫다.

변화가 필요한 어느 곳이든 본래 하던 방식을 고수하려는 조직원들의 타성이 존재한다. 더없이 좋은 툴과 제도라 하더라도 실행하는 사람들의 마음이 움직이지 않는다면 조직에 깊숙이 스며드는 건 불가능하다.

부디 조직의 긍정적인 변화를 이끄는 사람들이 타성과 저항 앞에서 좌절하지 않았으면 한다. 또 작고 빠른 승리의 전략이 조직에서 변화의 싹을 틔우고 무럭무럭 커나가게 하는 시발점이 되었으면 한다. 만약 스스로 변화를 이끌 결심이 섰다면 고위험 고수익high risk high return 전략보다 저위험 빠른 수익low risk quick return 전략을 기억하자.

일은
많은데
성과가
없다면

업무
우선순위를
정하는
방법

대부분의 중간관리자는 방심하는 순간 자신도 모르게 이런저런 업무를 잔뜩 끌어안게 된다. 마치 물건을 버리지 못하고 모아두는 호더hoarder처럼 말이다. 운영 중에 발생하는 문제의 원인을 잘못짚어 엉뚱한 해결책을 제시하고 다른 사람들의 의견을 무비판적으로 수용하다 보면 어느덧 감당하기 어려운 잡무들에 둘러싸인다.

사례 1 "최 과장, 이것도 한번 해보면 어때요?"
"네! 한번 적용해보겠습니다!"

사례 2 "심 과장, 이것도 한번 해보면 어때요?"
"네. 좋은 아이디어 주셔서 감사합니다.
살펴보고 적용 가능할지 검토해보겠습니다."

만약 중간관리자로서 매사에 최 과장과 같은 예스맨의 태도를 보이면 어떤 일이 벌어질까? 순간 상사의 비위를 맞추고 넘어갈 수는 있을 것이다. 하지만 업무의 중요도와 우선순위를 충분히 고려하지 않은 채 중구난방으로 제안되는 단편적인 개선책은 위험천만하다. 이런저런 군살이 붙은 업무는 결정적으로 중간관리자의 성과를 좀먹는다. 당장은 성과를 내는 것처럼 보일지 몰라도 결국 전체 업무의 관점에서 봤을 때 효율성을 저해하거나 중요한 것에 집중하지 못하게 발목을 잡는다.

해결방안을 적용할지 말지를 판단할 책임은 온전히 중간관리자에게 있다. 회사에서 현장의 분위기를 가장 잘 파악하고 있는 전문가는 바로 자신이기 때문이다. 아이디어를 제안받았을 때 '이건 아닌데?' 싶다면 "말씀해주신 A 아이디어 좋네요! 저도 같은 문제점을 인식하고 있어 B라는 방향으로 해결방안을 모색하고 있습니다"라고 의사결정을 지연시킬 수 있는 순발력도 필요한 것이다. 일의 진짜 주인으로 인정받는 순간은 상사의 제안을 맹목적으로 수용하기보다 아니면 아니라고 과감히 말할 때 찾아온다. 업무를 누더기로 변하지 않게 하려면 교통정리의 기술을 갖춰야만 한다.

추진력은 정리정돈에서 나온다

쉴 새 없이 밀려오는 수명 업무들은 어떠한가? 중간관리자에게 쉴 틈이란 없다. 부서 내 실무자급에서 가장 실무능력이 좋고 상사의 신임도 받고 있으니, 일정 수준 이상의 성과를 기대하는 일들은 대부분 중간관리자에게 맡겨진다. 이런 현상이 가져오는 치명적인 위험 중 하나는 업무량의 불균형 문제를 해결해줄 사람이 조직 내에 존재하지 않는다는 것이다. 대부분의 리더는 부서원들의 업무량을 하나하나 판단하면서 일을 나눠주지 않는다. 즉 중간관리자 스스로 정리정돈을 하지 않는다면 어느 순간 늪지대에 빠져버린다. 변화를 이끌어 차별화된 성과를 내야 하는 영역에 집중하지 못하고, 넘치는 잡무로 인해 번 아웃에 빠지기까지 한다. 조직에서 역할을 확장하길 원하는 중간관리자일수록 더하기에 앞서 뺄 것이 무엇인지 찾아봐야 한다.

정리정돈에서 정리整理란 흐트러지거나 혼란스러운 상태에 있는 것을 한데 모으거나 치워 질서 있는 상태가 되게 하는 것이며, 정돈整頓이란 어지럽게 흩어진 것을 규모 있게 고쳐놓거나 가지런히 바로잡아 정리하는 것이다. 집 정리 컨설턴트는 복잡하게 어지럽혀진 방에 들어가 가장 먼저 주인에게 버릴 수 있는 것이 무엇인지 물어보고, 버릴 만한 것들의 기준을 알려준다. 불필요한 것들을 과감히 버려야만 비로소 변화가 필요한 영역을 찾을 수 있고 추진력을 발휘할 수 있다.

에너지 뱀파이어 vs 에너지 드링크

"딱 중간만 해요."

조직을 냉소적으로 바라보며 후배들의 일할 의욕까지 꺾어버리는 에너지 뱀파이어들이 자주 던지는 말이다. 그들은 자신의 의견을 빼지도 더하지도 않고 어느 순간 그저 영혼을 버린 채 조직에서 하던 대로의 방식을 고수한다. 하지만 그들의 역사에도 패기 넘치는 도전과 열정으로 가득했던 시절이 틀림없이 존재했을 것이다. 그들을 에너지 뱀파이어로 만든 주범은 잘못된 리더십과 일하는 방식 때문인 경우가 대부분이다.

감히 바꿀래야 바꿀 수 없었던 비효율적인 회의 문화와 의사결정을 지연시키는 촘촘한 결재 프로세스까지, 업무 성과를 온전히 내기에는 낡아빠진 조직 문화가 의욕적인 직원들의 패기까지도 무참히 꺾어버린다. 리더의 말 한마디에 팀원들의 시간은 하염없이 낭비되기도 하고, 속이 뻥 뚫리는 사이다 발언 하나로 꽉 막혀 있던 업무들이 일사천리로 해결되기도 한다.

매사에 차상위권자의 지시를 중간관리자에게 먼저 전달하는 리더가 있다. 과연 이 조직에서는 얼마만큼의 시간이 낭비되고 있을까? 팀원을 모두 모아 한 번에 공유했을 때 10분이면 정리될 일이 두 단계를 거치며 20분으로 늘어난다. 10분 차이가 별것 아닌 것처럼 느껴질지도 모르겠다. 그러나 이런 불필요한 프로세스가 반복되고 커뮤니케이션 과정에서 누락되는 정보가 쌓이다 보면 조직 내 불신이 생기고, 팀원들은 딱 시키는 일만 하는 수동적인 모드로 변해버린다.

또 다른 사례를 보자. 아무도 읽지 않는 유명무실한 회의록 작업에 매주 많은 시간을 허비하는 후배를 위해 중간관리자가 차상위권자에게 건의해 회의록 공유를 간소화한다면? 작지만 후배에게는 큰 선물이 될 것이다. 선수와 코치에게 지시사항만 내리는 프로스포츠 감독들이 수십 억 대의 연봉을 받아가는 데는 이유가 있는 것처럼, 조직 내 리더가 업무를 지시하고 이끌어가는 방식에 따라 팀의 성과는 눈에 띄게 차이가 난다.

실무자급일 때는 일하는 방식을 바꾸기보다 말없이 따르게 마련이지만 중간관리자로 올라서면 리더에게 건의할 수 있는 발언권이 점차 커지고 개선해나갈 힘이 생긴다. 이런 모습을 바라보는 리더들은 간혹 "송 과장, 이제 머리가 제법 커졌네"라는 말을 농담 삼아 던지기도 하는데, 사실 이렇게 본인이 고민할 문제를 대신 해결하며 변화를 주도하는 중간관리자를 바라보는 리더들의 속내도 흐뭇하다.

확고한 주관을 가지고 목소리를 내는 순간이 반복될수록 상사는 중간관리자가 차세대 리더의 자격을 갖추고 있음을 인정하게 된다. 자신뿐만 아니라 팀원들이 비효율적으로 일하는 방식을 발견한다면 언제든 가감 없이 이야기하고 함께 고쳐나갈 수 있는 분위기를 만들어야 한다.

버려야 할 업무를 구별해내는 기술

인정 많고 팀워크를 잘하는 중간관리자 A가 있다. 그는 도대체 자기 일은 언제하나 싶을 정도로 팀원들의 일을 열심히 돕는다. 덕분에 팀원들 사이에서는 신망이 두텁지만 리더는 그에게 불만이 가득하다. 그가 팀에 기여하는 바를 모르는 것은 아니지만 담당 업무는 기대만큼 속도가 나지 않고, 자신의 영역 외에 팀 차원의 문제를 고민하는 데 소홀하다는 것이다. A는 실무에 능숙해 여유가 생긴 업무 시간을 사람 좋은 마음으로 팀원들의 업무를 돕는 데 썼다. 그에 따라 자신의 업무에 대해 깊이 고민하거나 리더 관점에서 팀을 효과적으로 이끄는 방법을 고민하는 데는 투자하지 못했다. 스스로 리더가 아닌 실무자의 길을 택한 것이다.

또 다른 중간관리자 B는 자신에게 몰린 일을 처리하느

라 팀원들을 돌보지 못한다. 그는 부서 내에서 실무 능력을 인정받아 리더가 지시하는 수명 업무와 부서 내 주요 업무를 거의 도맡아 한다. 주위 사람들은 인정을 받고 있으니 일도 몰리는 거라며 애써 그를 위로하지만 본인은 굉장히 괴롭다. 관심을 가지고 추진하고 싶은 업무가 있어도, 중간 관리자로서 주변을 돌아보고 싶어도 시간이 없다.

두 사람은 두 가지 공통점이 있다. 하나는 빼기에 집중하지 않고 더하기에만 매몰되었을 때 벌어지는 상황이라는 것이고, 다른 하나는 효과적이지 않은 자원 배분 때문에 생긴 상황이라는 것이다. 결국 뺄셈을 할 수 있는 사람은 자기 자신뿐이다.

비즈니스 성과 개선 방법론 중 하나인 ERRC 프레임은 중간관리자가 변화의 순서를 바로잡는 데 쓰는 단순하고도 명쾌한 공식이다. 이 프레임은 변화와 혁신을 위해 뺄셈과 덧셈이 순차적으로 이뤄져야 한다는 사실을 잘 보여준다.

ERRC 프레임 상단의 두 칸은 각각 제거와 감소를 뜻한다. 변화와 혁신을 위한 여력을 확보하기 위해 먼저 불필요한 업무를 제거하고 줄이라는 것이다. 그래야 변화와 혁신의 본질에 집중할 여유 공간이 생긴다.

하단의 두 칸은 각각 증가, 창조다. 뺄셈을 통해 만든 여유 공간에 디테일과 새로움을 채워 차별화 포인트를 만들

ERRC 프레임

제거 (Eliminate)	감소 (Reduce)
증가 (Raise)	**창조** (Create)

수 있다. 증가시키거나 창조해야 할 영역은 역시 '스마트하게 일하는 방식'일 것이다.

스마트하게 일하기 위해서라고 해도 업무 방식을 바꾸는 건 팀원들을 불안하게 할 수 있다. 하지만 일단 성공적으로 정착시키면 무엇보다 효과적으로 팀의 생산성과 축처진 분위기를 전환해낼 수 있다. 예를 들어 매주 많은 사람의 시간을 빼앗던 주간업무 회의의 문제는 어느 선배의 제안으로 디지털 칸반보드를 도입하면서 해결되었다. 덕분에 각 담당자의 업무가 시각화되어 서로 업무 진척사항을 쉽게 확인할 수 있게 되었다. 그때그때 이슈를 확인하며 중복 업무를 방지하기도 좋았다.

또 다른 사례도 있다. TF Task Force(임시 조직) 정례회의를 하고 나면 정리된 안건을 전체 메일로 돌린 뒤 추가 의견을 묻곤 했는데 대부분 반응이 없었다. 전체 회신을 모두가 지켜보기 때문에 의견을 내기 부담스러웠던 것이다. TF 멤버들은 개별 회신을 하거나 메신저로 물어야 겨우 의견을 말하곤 했다. 그러던 중 누군가 이 문제를 해결해줄 협업 툴을 사용하자고 건의해 도입했다. 그 뒤로 공유하는 의견의 양이 두세 배 이상 증가했다. 휘발되던 커뮤니케이션 이슈들을 체계적으로 아카이빙까지 할 수 있었다.

ERRC 프레임을 통해 알 수 있는 것은, 불필요한 업무를 과감히 버리지 못하면 담당자는 계속 작은 업무들에 목멜 수밖에 없고 조직에서 꼭 필요한 변화를 만들어내기 어렵다는 사실이다. 리더로서 팀 내에서 효과적으로 존재감을 높여나가려면 작은 업무에 목매기보다 업무를 효율적으로 진행할 방법을 항상 고민해야 한다.

실패를 두려워하지 말자

실패를 두려워하는 조직과 리더는 예측 범위를 벗어난 통제 불가능한 상황에서 극도의 불안감을 느낀다. 이런 유형의 조직과 리더는 고인물을 바라봐야 마음이 평온해지기 때문에 기존에 하던 업무 방식을 고수하고 새로운 시도를 장려하지 않는다. 심지어 새로운 도전의 과정에서 필연적으로 발생할 수밖에 없는 작은 실패들조차 무작정 질타하고 "것 봐요. 내가 안 된다고 했죠?"라고 비웃는다. 그렇게 조직과 리더 스스로 변화하고 성장하려는 씨앗을 거두고 잘라버리는 것이다.

　매년 반복되는 업무에 치이고 직급은 오르는데 성과는 나지 않는다면 비우지 못해서 생긴 덫에 빠진 것일 수 있다. 비워야 비로소 채울 수 있는 정리정돈의 법칙처럼 업무에서 가장 많은 시간을 할애하는 부분을 찾아보고, 비효율적인 방식이 있다면 과감히 없애거나 줄여야 한다. 순환과 조화라는 세상의 이치에 맞게 회사에서도 뺄셈과 덧셈을 반복하며 조화를 이뤄야 한다.

동료들과
원원한다는
것

갈등을
뛰어넘는
협업의
기술

"올해 핵심성과지표KPI가 특허 등록의 필요성과 중요성을 알려 사내 특허 등록률을 높이는 것인데, 쉽지 않네요."

미팅 중 특허 담당자가 불쑥 던진 고민 한마디에 번뜩 아이디어가 떠올랐다. 사내 전문가를 활용한 내부 교육 활성화 문제로 머리를 쥐어짜고 있던 내게 뜻밖의 행운이 찾아온 것이다.

사실 미팅은 특허팀의 단순 업무 지원 요청에서 시작되었다. 팀에 외부 변리사를 초빙해 특강을 열고 싶은데 방법을 잘 모르니 관련 부서에서 좀 도와달라는 것이었다. 연말까지 남은 목표를 달성하기 위해 바삐 움직이던 내게 단순 업무 지원 요청은 그리 달갑지 않았다. 하지만 특허 담당자의 솔직한 말 한마디는 파트너십의 불씨를 지피기에 충분했다. 특허 제도를 사내에 널리 알리고 등록률을 높이는 것이 목표라면 내가 담당하는 '교육'을 홍보 플랫폼으로 활용할 수 있지 않을까? 곧바로 담당자에게 제안했다.

"이번 기회에 담당 부서의 전문성을 피력할 수 있도록 특허 관련 세미나를 직접 진행해보시는 건 어떠세요? 세미나 말미에 자연스레 사내 특허제도를 홍보할 수 있고요."

직접 강의를 해야 한다는 사실에 특허 담당자는 다소 부담을 느끼는 듯했다. 하지만 목표를 좀 더 빠르게 달성할 수 있다는 확신이 서자 용기를 냈다. 그가 목표를 솔직하게 공개한 뒤 우리 둘은 일사천리로 시너지를 내기 시작했다.

특허 담당자는 변리사 자격증을 가진 전문가였다. 하지만 회사에 속한 월급쟁이로서 한 해 핵심성과지표를 달성해야 한다는 고민은 그나 나나 매한가지였다. 회사에서 타부서의 담당자에게 거리낌 없이 자신의 업무 목표를 공개하고 상대방을 우군으로 만드는 그분의 대화법을 마주하며, 효과적인 협업을 위한 태도와 방법에 대해 다시 한번 생각을 정리할 수 있었다.

사일로 효과가 회사를 망친다

회사 내의 각 조직이 자신들의 이익만 추구하는 현상을 두고 사일로 효과silo effect라 한다. 소통이 가로막힌 부서들 간의 보이지 않는 장벽이, 높은 벽으로 이뤄진 원통형 곡물창고silo처럼 보여서 붙은 이름이다. 사일로 현상은 같은 회사인데도 각자의 목표가 달라서 발생하는 동족상잔의 비극과 같다.

삼성전자 종합기술원 권오현 회장은 저서 《초격차》에서 부서 간 이기주의를 극복하기 위해 '그들만의 왕국을 파괴'하는 파격적인 방법을 소개한다. 바로 잦은 갈등이 발생하는 두 왕국의 리더를 일대일로 맞바꾸는 방식이다. 이를테면 제조의 왕은 제품 개발의 왕 자리에, 제품 개발의 왕은 제조의 왕 자리에 발령하는 것이다. 그 결과 각 영역의 왕은 상대방의 업무를 속속들이 알게 되면서 서로의 입장 차이를 이해하고, 불평불만을 멈추고 상호 이익을 위해 함께 고민하기 시작한다.

마이크로소프트는 윈도우 OS의 대성공을 기반으로 한 시장 독점 그리고 부서별 상대평가, 사내 경쟁, 조직의 거대화에 따른 관료주의 등 협력이 아닌 협조를 요구하는 문화로 점차 변해가며 쇠락의 길을 걸었다. 위기 상황에 CEO로 취임한 사티아 나델라Satya N. Nadella는 독점적 권위를 내려놓고 미래를 향해 협력과 연결을 추구했다. "마이크로소프트는 리눅스를 사랑합니다"라는 슬로건은 그들의 변화를 상징한다. 운영체제 시장의 최고 경쟁자였던 오픈소스 OS 리눅스에게 두 팔을 벌리며 마이크로소프트의 클라우드 서비스에서 리눅스와 오픈소스를 지원할 것이라고 발표했기 때문이다. 그가 취임한 2014년을 기점으로 마이크로소프트의 주가는 약 36달러에서 196달러로 5배 이상 상승했다(2020년 6월 기준).

사일로 현상은 꼭 경영진만 없앨 수 있는 것은 아니다. 실무자와 중간관리자급에서 이보다 더 쉽게 접근할 수 있는 방식은 바로 나와 상대방의 목표를 보다 '정확하게' 공유하는 일이다.

오렌지 10개를 구해야 하는 목표를 가진 A와 B가 있다. 이 둘은 오렌지에서 필요로 하는 부분이 다르다. A는 오렌지 껍질이 필요하고 B는 오렌지 과즙이 필요하다. 보통의 상황에서 둘은 1개의 오렌지라도 더 차지하게 위해 치열하게 협상하고 경쟁한다. 사이좋게 5대 5로 나누는 해피엔딩도 있겠지만 보통은 7대 3, 6대 4와 같이 어느 한쪽이 우세한 결과를 얻으며 승자와 패자로 명암이 엇갈린다. 각자가 오렌지 10개분의 이득을 취하면서 윈윈win-win할 수 있는 구조에서조차 협력이 아닌 경쟁을 택해 최대의 이익을 거두지 못하는 것이다.

현실에서도 이와 같은 일이 자주 발생한다. 디자이너와 개발자가 합심해서 더 나은 제품을 개발하기 위해 힘써야 하지만 그 둘의 관계는 보통 '금성에서 온 디자이너, 화성에서 온 개발자'이기 쉽다. 개발자는 개발 상황을 충분히 고려하지 않은 채 지나치게 이상적인 것만 요구한다며 디자이너를 비난하고, 디자이너는 투박하고 느린 서비스를 개선하지 않은 채 기존의 방식을 성역처럼 여기는 개발자를 비난한다.

이와 같은 갈등은 보통 서로의 목표가 다르다고 인식하

고 상대를 경쟁자 또는 훼방꾼으로 바라보기 때문에 발생한다. 부서끼리 경쟁하는 것이 아니라 회사 밖의 고객들을 만족시키기 위해서 함께 가치를 만들어낼 때 모두 성장할 수 있다.

함께 일을 잘하기 위한 네 가지 방법

리더의 자리에 앉아 높은 성과를 거두려면 혼자서 일하는 덧셈이 아니라 팀원, 타 부서와 함께 시너지를 내는 곱셈을 잘해야만 한다. 함께 일을 해야 자신이 가진 강점과 리소스를 뛰어넘는 부가가치가 발생하고 인풋 대비 아웃풋이 기하급수적으로 증가한다. 각자 브랜드의 고유한 강점을 살린 콜라보레이션 프로젝트가 성행하는 이유도 시너지가 발생하며 마케팅 효과를 두 배, 네 배로 증폭키기 때문이다. 명품 브랜드가 아티스트와 협업해 신선한 제품을 출시하고, 트로트 가수 유산슬이 유튜브 스타 핑크퐁을 만나 함께 〈아기 상어〉 노래를 부르는 것처럼 말이다.

1. 불필요한 편견을 없애자

회사의 조직도를 보면 수많은 조직이 무미건조한 사각형

위에 놓여 있는 것처럼 보인다. 하지만 그 안을 자세히 들여다보면 조직들 간에 수많은 감정이 얽히고설켜 있다.

처음으로 이직한 회사에서의 일이다. 타 부서와 업무 협의를 진행하는데 유독 냉기가 흐르는 것을 느꼈다. 이후에 자세한 속사정을 알고 보니 과거부터 복잡하게 꼬여 있던 갈등과 오해가 충분히 해소되지 않고 남아 있었다. 업무에 감정을 섞어 일하고 있었던 것이다.

협업을 잘하려면 "그 담당자는 원래 비협조적이야", "저 부서는 도대체 뭐하는지 모르겠다니까"와 같은 편견의 말을 내뱉어 조직에 부정적 감정을 증폭시키지 말아야 한다. 또 리더라면 꼬인 매듭이 보일 때 제일 먼저 나서서 풀어줘야 한다. 이는 협업으로 시너지를 만들기 위한 1차 과제다. 소통이 막히면 함께 추진하려는 목표, 추진 동기 자체가 사라지기 때문이다. 매듭을 풀어내지 못하면 시너지가 발생할 여지도 없어지고 함께해야 효과적인 일도 빙 돌아서 하게 된다. 한마디로 조직 내에 적을 두지 않아야 한다.

2. 부지런히 씨앗을 흩뿌리자

타 부서의 업무 요청을 받다 보면 '아니, 지금 싸우자는 건가?'라는 생각이 들 만큼 협업이 아니라 일방적인 협조를 구하는 경우가 많다. 반대로 여러 가지 핑계를 대며 비협조적으로 나오는 경우도 있다. 협업을 잘하는 리더는 힘의 우위를 앞세워 일방적으로 요구하거나 인색하게 굴지 않는다. '네가 1을 줘야 나도 1을 줄 것이다'라는 조건적인 거래의 원칙을 앞세우기보다 자신의 에너지가 허락하는 선에서 하나라도 먼저 주려는 행동을 취한다. 이는 상대방에게 본인을 긍정적으로 인식시키고 알게 모르게 마음의 짐을 조금씩 쥐어주는 영리한 행동이기도 하다. 영업의 고수들이 고객과의 첫 만남에서는 물건을 팔지 않는 것처럼 말이다. 생전 처음 본 사람보다 한 번이라도 인사를 한 사람의 부탁을 들어줄 확률이 높다. 자신에게 한 번이라도 호의를 베푼 사람이라면 부탁을 거절하기 힘든 법이다. 시간이 허락한다면 유관부서 그리고 리더들과 자주 교류하며 협업의 씨앗을 흩뿌려둬야 한다.

3. 사람이 아닌 목표와 비전을 섬기자

협업에 능한 리더들은 사내 정치의 도랑에 빠지지 않는다. 사내 정치에 지나치게 의존하는 것은 수많은 동아줄 중에서 코앞에 놓인 동아줄 하나만 잡고 있는 것과 마찬가지다. 조직에서는 가장 튼튼해 보였던 동아줄이 어느 순간 썩은 동아줄로 바뀌기도 한다. 오직 자신이 따르는 상사와 라인 하나만을 바라보고 맹목적인 충성을 다하기보다 업무 목표와 비전, 고객을 섬겨야 한다. 관계의 힘을 통해 거둔 성취는 한순간 쉽게 끊어지기도 하고 타인에 대한 의존성을 높여 스스로 자립할 수 있는 힘을 갉아먹는다.

4. 목표를 투명하게 공개하자

앞선 특허 담당자의 사례처럼 협업을 잘하는 사람들은 파이를 키우기 위해 때로는 자신의 목표를 시원하게 공개한다. 협상 자리에서건 정글이라 부르는 회사에서건 자신의 카드를 먼저 공개하면 상대방이 이를 이용하지는 않을까 걱정되는 게 사실이다. 하지만 오렌지가 10개 필요하다고 말하는 것과 오렌지 껍질이 10개 필요하다고 말하는 것은 분명히 다르다. 투명하게 자신의 목표를 공유할 때 불필요한 오해를 막고 상대방이 가질 수 있는 것과 내가 가질 수 있는 것을 명확하게 구분할 수 있다. 이런 명확함은 오렌지를 어떻게 하면 더 잘 조달할 수 있을까와 같은 발전적인 토의를 이끌어내기도 한다.

혹시나 상대방이 자신이 밝힌 목표를 이용만 하지는 않을지 걱정된다면 자신이 얻고자 하는 것만큼은 명확히 선을 긋고 지키자. 최소한 손해를 볼 일은 없다. 이용당하지 않을까 걱정이 되는 진짜 이유는 필요하지 않은 것까지 가지려는 과도한 욕심 때문인 경우가 많다.

조직이 성장하면 외부의 경쟁자보다 내부의 알력 다툼으로 균열이 생겨 무너지는 경우가 많다. 리더는 혼자가 아니라 함께 일하는 자리이기에 협업에 대한 가치관을 잘 정립해두는 것이 좋다. 현명한 리더라면 혼자만의 우물 안에 갇히지 말고 내부의 다른 팀들, 나아가 외부 업체와의 협업을 적극 도모하며 끝없이 펼쳐진 넓은 바다로 뛰어들어야 한다.

우리
일하려고
모였잖아요

10년이 넘는 직장생활 기간 동안 유통, 제조, 금융, 게임, 컨설팅까지 다양한 산업과 크고 작은 규모의 조직 안에서 일하며 각자의 독특한 문화, 개성 강한 리더들과 마주했다. 작게는 200명 규모의 스타트업부터 크게는 1만 명 이상 규모의 시스템이 잘 갖춰진 대기업까지 말이다.

재밌는 사실은 '제조업은 딱딱한 군대 문화일 것이다', '컨설팅업은 체계적이고 깐깐하며 논리적일 것이다', '작은 조직은 빠르지만 허술하고 큰 조직은 느리지만 체계적일 것이다'와 같이 특정 산업과 회사 규모에 대해 가지고 있던 고정관념이 일한 지 얼마 되지 않아 금세 산산조각 났다는 것이다. 경직된 조직 문화와 체계 안에서도 자기 나름의 방식으로 팀원들의 숨통을 틔워주며 일할 맛 나게 만드는 리더들이 있었다. 반면 수평적 조직 문화를 추구하는 회사 안에서도 위계 중심적인 말과 행동으로 경직된 분위기를 조장하는 리더 역시 존재했다.

회사의 규모, 그들이 외치는 핵심 가치나 추구하는 문화보다 팀을 실질적으로 이끄는 리더가 실무자들의 성과와 직장생활의 만족도를 좌우했다. 나는 좋은 리더를 만났을 때 시키지 않아도 팀의 성과를 고민했고, 굵직한 프로젝트를 진행하며 높은 성과를 거두고 성장의 기쁨과 보람을 느꼈다. 반대로 일방적이고 고압적인 리더를 만났을 때 스스로 성장판을 닫아버리며 수동적으로 변했다. 단순히 리더의 성격과 성향 등 관계적인 요인으로만 설명할 수 없는 무언가가 회사생활의 만족도와 성과에 결정적인 영향을 미쳤다.

팀원들이 따르기 힘든 리더를 만났을 때 흔히 선택하는 복수의 방법은 두 가지다. 첫 번째는 '소극적 공격'이다. 일부러 최선을 다하지 않고 의도적으로 태업을 일삼는 것이다. 심리학에서는 이를 '심리적 자살'이라고까지 표현한다. 자신의 잠재력을 고의로 실현시키지 않기 때문이다. 또다른 방법은 이직 또는 사내 채용 제도 등을 활용해 리더를 떠나는 것이다. 이는 앞선 소극적 공격보다는 좀 더 적극적인 방법이다. 익숙한 곳을 떠나 자신의 커리어를 위해, 더 나은 삶을 위해 용기 있게 도전하는 것이기 때문이다.

두 가지 방법이 주는 메시지는 분명하다. 나쁜 리더는 회사에 치명적인 악영향을 미친다는 사실이다. 하루 8시간

동안 역량을 충분히 발휘해야 할 유능한 실무자들이 수동적인 태도를 취하거나 조직을 떠나는 것은 회사에 재앙이나 다름없다. 아무런 준비가 되지 않은 채 중간관리자, 리더가 되는 일은 상자 전체를 썩게 만드는 첫 번째 썩은 사과가 되는 일일지도 모른다.

운이 좋게도 나는 리더십 교육을 담당하며 수많은 리더의 행동과 고민을 깊이 들여다볼 기회가 많았다. 특히 리더십 다면평가를 통해 수천 명의 팀원이 자신들의 리더에게 남긴 솔직한 피드백을 마주했을 때는 난파한 보물선에서 꺼내 올린 진귀한 보석을 발견한 기분이었다. 학문적으로 리더십을 논하는 이론이 아닌 수많은 리더의 진짜 고객, 팀원들에게서 나온 생생한 목소리였기 때문이다.

팀원들의 의견을 면밀히 살펴본 결과 훌륭한 리더들은 관계에 집중하기보다 '일을 잘할 수 있는 환경'을 만드는 것에 탁월했다. 텍스트 분석을 통해 추려낸 사랑받는 리더 상위 10퍼센트의 공통점은 다음과 같았다. 첫째, 수평적이고 자유로운 의견 개진 문화 조성, 둘째, 큰 그림과 비전 제시, 셋째, 구성원에 대한 신뢰와 권한 위임, 넷째, 솔직하고 투명한 의사소통, 다섯째, 합리적 사고와 공정함, 여섯째, 전문성이다. 이 특징들을 마주하는 순간 그동안 봐왔던 수많은 리더십 강의와 도서들의 내용이 단숨에 한 페이지로 정리되는 느낌이었다. 이 여섯 가지 공통점은 팀원들이 더욱 수월하게 성과를 내고 성장할 수 있도록 돕는다. 잘 웃어줘서, 친절해서, 싫은 소리를 하지 않아서, 사람들과 두루 친해서, 칭찬을 많이 해줘서와 같이 인간관계 증진에 필요한 단편적인 요소들은 좋은 리더의 특징과는 거리가 멀었다.

좋은 리더는 실무자의 숨통을 틔워주는 반면 나쁜 리더는 실무자의 목을 조른다. 좋은 리더는 회의에서 핵심만을 다루고 나쁜 리더는 회의 내내 변죽을 울리며 바쁜 팀원들의 시간을 갉아먹는다. 결국 회사는 일을 하러 모인 곳이다. 리더에게 가장 큰 무기는 자신뿐만 아니라 조직 전체가 더 일을 잘할 수 있도록, 각자가 성과를 거둘 수 있도록 좋은 환경을 만들어주는 능력인 것이다.

어느 조직이건 일 잘하는 실무자로서 인정받아 갑작스레 중간관리자 역할을 맡고 헤매는 사람이 참 많다. 그동안 능수능란하게 다루던 실무와는 전혀 다른 능력들이 요구되기 때문이다. 조직에서 좋은 리더로 자리매김하려면 철저히 준비해야 한다. 그동안 쌓아온 본인의 전문성을 기반으로 조직과 상사의 신뢰를 등에 업고 실무자를 합리적으로 일할 수 있게 이끌어야 한다. 실무자로서의 완벽함을 넘어 조직 전체의 역량을 끌어올릴 때 우리는 또 한 번 성장할 것이다.

참고문헌

게리 해멀, 《지금 중요한 것은 무엇인가》, 방영호 옮김, 알키, 2012.

김성준, 《조직문화 통찰》, 클라우드나인, 2019.

김창준, 《함께 자라기》, 인사이트, 2018.

닐 도쉬·린지 맥그리거, 《무엇이 성과를 이끄는가》, 유준희·신솔잎 옮김,
생각지도, 2016.

닐스 플레깅, 《언리더십》, 박규호 옮김, 흐름출판, 2011.

대니얼 카너먼, 《생각에 관한 생각》, 이창신 옮김, 김영사, 2018.

대니얼 코일, 《최고의 팀은 무엇이 다른가》, 박지훈 옮김, 웅진지식하우스,
2018.

라즐로 복, 《구글의 아침은 자유가 시작된다》, 이경식 옮김, 알에이치코리아,
2015.

리즈 와이즈먼, 《멀티플라이어》, 이수경 옮김, 한국경제신문, 2019.

마셜 로젠버그, 《비폭력 대화》, 캐서린 한 옮김, 한국NVC센터, 2017.

마이클 왓킨스, 《90일 안에 장악하라》, 박상준 옮김, 동녘사이언스,

2018.

모튼 한센, 《아웃퍼포머, 최고의 성과를 내는 1%의 비밀》, 이지연 옮김,
김영사, 2019.

박태현, 《팀으로 일하라》, 시그마북스, 2012.

버니스 매카시, 《4MAT 강의법》, 황을호·최재웅 옮김, 폴앤마크, 2019.

사이먼 사이넥, 《나는 왜 이 일을 하는가?》, 이영민 옮김, 타임비즈, 2013.

스튜어트 다이아몬드, 《어떻게 원하는 것을 얻는가》, 김태훈 옮김, 8.0, 2017.

애덤 그랜트, 《오리지널스》, 홍지수 옮김, 한국경제신문, 2016.

애덤 그랜트, 《기브앤테이크Give and Take》, 윤태준 옮김, 생각연구소, 2013.

에이미 에드먼슨, 《두려움 없는 조직》, 최윤영 옮김, 다산북스, 2019.

엔도 이사오, 《성과의 가시화》, 김정환 옮김, 다산북스, 2013.

이나모리 가즈오, 《왜 일하는가》, 신정길 옮김, 서돌, 2010.

존 도어, 《OKR》, 박세연 옮김, 세종서적, 2019.

짐 콜린스, 《좋은 기업을 넘어… 위대한 기업으로》, 이무열 옮김, 김영사,
2005.

칩 히스·댄 히스, 《자신 있게 결정하라》, 안진환 옮김, 웅진지식하우스, 2013.

캐롤 드웩, 《마인드셋》, 김준수 옮김, 스몰빅라이프, 2017.

패티 맥코드, 《파워풀》, 허란·추가영 옮김, 한국경제신문, 2018.

프레데릭 라루, 《조직의 재창조》, 박래효 옮김, 생각사랑, 2016.

피터 드러커, 《프로페셔널의 조건》, 이재규 옮김, 청림출판, 2012.

피터 센게, 《학습하는 조직》, 강혜정 옮김, 에이지21, 2014.

황농문, 《몰입》, 랜덤하우스코리아, 2007.

긴 팀장의 일센스

상사와 후배 사이에서 일 잘하는 리더가 되는 기술

초판 1쇄 2020년 7월 30일

초판 2쇄 2021년 12월 31일

지은이 한상아

펴낸이 김한청

기획편집 원경은 차언조 양희우 유자영 김병수

마케팅 최지애 현승원

디자인 이성아 박다애

운영 최원준 설채린

펴낸곳 도서출판 다른

출판등록 2004년 9월 2일 제2013-000194호

주소 서울시 마포구 양화로 64 서교제일빌딩 902호

전화 02.3143.6478 **팩스** 02.3143.6479

이메일 khc15968@hanmail.net

블로그 blog.naver.com/darun_pub

페이스북 /darunpublishers

인스타그램 edit_darunpub

ISBN 979-11-5633-295-4 13320